KB274386

우크라이나 모더니즘 문학의 이해

머리말

우크라이나 문학은 슬라브 문학의 전형적 모형을 지니고 있으면서도 서구적 요소가 조화롭게 가미된 특징을 가지고 있다. 특히 세기말을 전후로 한 상징주의자 그리고 20세기 들어 서구와 미주의 미학적 모형을 추구했던 동인들로 인하여 이러한 상황이 가속화되었다. 모더니즘은 비단 20세기 우크라이나 문학만이 아니라 당시 유럽의 문화와 예술 전반에 걸친 동향과 사조로서 더욱 조명할 가치가 있다. 이러한 전반적인 경향에 대하여 알아보고자 『우크라이나 모더니즘 문학의 이해』라는 본 서를 총 6장으로 구성해 보았다.

먼저 우크라이나문학에 대한 전체적인 조망과 안목을 넓히려는 취지에서 치제프스키의 문학사 연구를 첫 장에 위치시켰다. 그의 비평은 이데올로기에서 벗어나 객관적 시각에서 문학사를 기술하고 있으며 이전의 유산과 한계를 벗어나려는 특징을 보이기 때문이다. 다음 장에서는 시대를 거슬러 올라가 시인이자 철학자인 스코보로다의 경우, 우리가 대상으로 하는 현대성과의 거리에도 불구하고 20세기 우크라이나 문화의 재탄생에 기여했으며 문예부흥의 시조이자 1920년대부터 1960년대 문화부흥기에 필리안스키, 티치나, 바르카 스투스 등 60세대 작가들에게 미친 영향력 때문에 역시 구성하게 되었다.

3장 이후 각 장들은 주로 우크라이나 모더니즘의 유럽 친화적 관계성을 조명하면서 문예상의 새로운 출발을 가속화시킨 미학상의 원칙을 먼저 알아보았다. 또 하나 간과할 수 없는 점은 우크라이나 문학이 역사적인 특수성으로 인하여 순수 문학적인 내재적 속성만이 아니라 사회 각 분야와 상호 긴밀히 연계된 시스템적 특성을 감안해야 한다는 것이다. 이런 점에서 여타 장르보다 당대 직면한 사회상을 깊숙이 반영하는 현대 시문학 전체에 대한 조망을 책자에서 다루고 있다.

　　현실과 참여라는 관점에서 아방가르드 예술의 전조이자 자양분을 제공한 미래주의는 미학적 전위가 일상의 전위와 급기야 정치적 전위로 확장되어가는데 이러한 적나라한 경로를 본문에서 추적하고 있으며 또한 모더니즘에 대한 실체적인 파악을 위해 회화와 음악만이 아니라 소비에트 학파를 대표했던 도브젠코의 필름을 모델로 이상과 현실이라는 미쟝셴을 위하여 전통적 모티브는 물론이고 모더니즘의 미학적 매개물과 어떻게 병치, 구현시켰는가를 삼부작을 통하여 기술하였다.

　　『우크라이나 모더니즘문학의 이해』가 20세기 개별 문학의 단면만이 아니라 문화와 예술은 물론이요 우크라이나의 시대배경과 사상 그리고 사조 등을 이해하는데 있어 지침서이자 조력의 장이 되었으면 하는 바램을 가져본다. 마지막으로 여기에 수록된 글들은 2009-2012년 사이 동유럽발칸학과 동유럽연구 등 국내 학술지에 발표된 논문들을 단행본 형식에 맞게 재구성하고 수정하여 출판하였음을 밝혀둔다.

2012. 10.
저자

차례

Ⅲ. 모더니즘 미학과 우크라이나 문학(1905-1914)

Ⅳ. 우크라이나 미래주의의 이념과 미학

D. 치제프스키와 우크라이나 문학사 연구

I. 도입

문학사 연구는 텍스트에 대한 문학적 해석과 동시에 역사적 설명이 수반되는 작업이다. 문학사를 문자 그대로 문학에 대한 역사적 이해라고 할지라도 본질적인 가치창조라는 면으로는 철학에, 지식의 조직화라는 점에서는 과학에, 그리고 반응이라는 측면에서는 비평 등[1] 여러 분야와 관계한 복합적 영역이다.

문학사는 연구대상으로 삼는 창작물과 이를 둘러싼 사회, 문화적 조건들을 우선 검토하고 그 연관성을 찾아 통일된 질서라는 하나의 범주를 형성하려는 목표를 가진다. 문학사는 장구한 시간 속 방대한 작품을 다루는 일이기에 당대 모델이 되며 가치가 있는 텍스트를 대상화해야하는데 관계적 요소의 선별작업을 정전(Canon)이라 한다. 어문학 전공자들에게 이러한 일목요연한 개관과 문학사적 단위에 대한 파악은 필수적으로 외국문학사는 이 모두를 효과적으로 전달케 하는 매체이자 문학에 대한 유용한 지식들을 제공하는 교과서이다.

본 글이 타겟으로 하는 '치제프스키의 우크라이나 문학사' 는 우리에게 생소한 우크라이나문학을 비교적 객관적 시각을 가지고 기술하고 있다 라는 점에 의미를 가지며 연구할 가치가 있다.

> 치제프스키의 '우크라이나 문학사'는 문학사적으로 단순하지 않은 경로에도 불구하고 슬라브학계에서 간과되었거나 비교적 오랜 동안 주목받지 못했던 우크라이나문학의 존재감을 드러내는 흥미로운 연구서이다.[2]

따라서 그의 저술을 통하여 무엇보다 먼저 우크라이나문학에 대한 전반적인 흐름과 이해를 도모하고자 한다. 그리고 동시에 문학사 자체와 문학사에 대한 방법론적 고찰을 하기로 한다. 여기에는 문학사란 무엇인가? 라는 문학의 가능성, 문학사는 어떠한 것이어야 하는가? 라는 문학사적 성격, 문학관 및 본질적 비평정신과 관련한 방법론적 논의를 포함시킨다.

위 논의는 어떤 전제에서 기술이 시작됐는지, 어떤 의도에서 집필되었는지, 또 어떤 평가가 내려져왔는지에 대한 비판적 시각을 갖게하는데 일조할 것이며 새 문학사에 대한 지평을 열 출발점이라는 판단에서 이다.

문학사적으로 의미를 재구성하지 않은 문학은 '창작의 바다' 속에 허우적되는 한 낮 표류에 불과하기 때문이다. 문학사는 과거를 그저 담아놓은 모방의 글이 아니라 과거를 현재의 관점에서 구성하며 의미를 부여하는 또 다른 하나의 텍스트이기 때문이다.

II. 치제프스키와 우크라이나문학 연구

II-1. 문학사 서술의 유산과 한계

1991년 체재전환기를 전후한 우크라이나 문학사는 크게 3가지 방향에서 집필되어왔다고 볼 수 있다. 먼저 이데올로기적 방향과 민족주의적 방향이 그것이다. 전자의 경우 1914년 이후 우크라이나 내 연구의 대표적 경향이다. 특히 1937년부터 문학과 예술은 생명력을 잃고 소비에트라고 하는 이데올로기적 규범 안으로 함몰되고 말았다. 우크라이나 국내 학자들의 연구는 오직 제한된 주제와 한정된 비평의 단상만이 남아있을 뿐이다. 문학작품은 예술적- 미학적 평가보다는 정치적-이데올로기적 기준이 앞서 평가되어졌다. 거기에다 당이라는 기준에 입각한 도덕적-윤리적 평가가 부가되어졌다.

후자는 민족을 원초적이며 영속적 이해에서3) 출발하여 목적론적 관점으로 문학을 서술하려는 시각이다. 이 경향은 우크라이나 서부를 중심으로 한 일부 학자를 포함한 연방 외 우크라이나 이산 디아스포라에 의해 주로 설명되어온 서술체계이다. 문학을 우크라이나 역사발전과 민족주의의 형성과 전개라는 관점에 서술하다보니 상부구조인 문학이 토대인 사회에 지나치게 영향을 받는 기계적 도식을 역시 적용하게 된다. 문학외적 시각이 비중을 차지하게 되고 관점에서 벗어난 작가와 작품은 상대적으로 도외시되는 결과를 낳게 된다.

다음으로 '낡은' 문학사에 내재된 편향된 이데올로기나 방법론적 구태의연함을 떨쳐버리고 새로운 작업, 새로운 접근 장법, 새로운 평가가 개발되어야 한다는 취지의 경향이다. 연방과 체재의 붕괴는 우크라이나를 슬라브 연구의 틀 안에서 소비에트의 연구와 더불어 전통적 연구 개념 및 서술 방법에서 재검토를 요구했고 재확립시켜야 하는 절실한 배경에서 배태되었다.

모더니즘적 방식은 양자의 이론적 장치와 방법론적 서술에서 벗어나 연구와 시각의 다원성을 추구하며 이전 자세들을 초극하려한다. 기존 환경에서 독자적 문학 서술은 꾀할 수 없고 제도적, 개념적, 윤리적 차원에서 작가나 작품은 언제나 위기의 볼모이기 일쑤였다. 90년대 중반 젊은 세대에 속하는 이 부류는 정치적이고 민족적 해석의 틀을 넘어 서술의 개념적 전환을 시도하였다. 지적 혁신에 개방적이어서 서방의 학문적 환경과 최신의 이론을 지향하며 포스트 소비에트시대의 분석은 물론 과거에 대한 현대적 해석에도 힘을 기울여 소비에트시기 이데올로기 관성에 의한 비평의 공백을 메우는데도 힘을 기울인다.

II-2. 치제프스키의 문학사적 관심과 서술방식

지난 소비에트 세월동안 문학사 서술은 규범과 의식, 관행에 이끌려 온 것이 분명하다. 문학에 대한 평가와 연구방법은 학문적 가치중립이나 방법론적 쇄신보다 정치적이고 도덕적 이데올로기적 변수에 이동되어왔는데 이는 학계에 확립된 사회적 커뮤니케이션 시스템에 의한 통제 때문이다. 우크라이나 학자와 서방의 학자사이에 각 시대에 대한 가치와 해석에 커다란 다른 차이가 나오는 근본적 이유도 여기에 기인한다.

본 글이 논의할 치제프스키는 우크라이나학자이면서 소비에트연방 밖 이산(離散)이라는 상황에서 광범위한 우크라이나문학을 그나마 환경과 조건에 개의치 않고 비교적 객관적으로 서술했던 학자였기에 의의를 지닌다. 그의 문학사는 각기 다른 전통을 가진 동유럽 전체를 조망하고 있는데 독일 수용미학의 대가인 한스 야우스(Hans Jauß)는 치제프스키를 가리켜 "총체적 지식을 가지고 유럽 전체 문학전통을 조망하는 현시대 보기드문 독보적인 문학연구가" 라고 지칭하였다. 또한 슬라브 문학을 러시아연구로 한정하거나 완성하려는 듯한 학문적 기류의 우려에서 출발하고 있다.[4]

치제프스키는 1894년 3월 23일 우크라이나 남부 헤르손지방에서 태어났고 1977년 4월 18일 주로 활동했던 독일에서 사망하였다. 연구자의 길을 걷게 된 계기는 우크라이나 T. 셰프첸코 키에프대학을 졸업할 무렵인 1917년 혁명의 와

중에 예기치 않게 정치에 연루되어 고향을 등지로 홀연히 독일로 유학길에 오르게 되면서부터였다. 이전 대학시절에 첫 번째 관심은 철학이었다. N.로스키, V.진키프스키, H. 첼파노프가 이끄는 클라스에 열중한 학생이었으며 어학과 문학에도 재능을 보였다. 1921년 독일 정착 후에 본격적으로 당대를 대표하던 철학자 야스퍼스, 후설, 하이데거를 사사하게 되면서 관심은 점차 증폭된다. 1934년 할레대학에서 받았던 헤겔에 관한 박사학위논문이 이를 말해준다. 1924년 부터는 갈고 닦은 지식을 가지고 프라하소재 우크라이나자유대학에서 강의를 시작하게 되었다. 이후 1932년-45년 할레대학, 1945년-51년 말부르그, 1951-56년 하버드대학 슬라브어문학과에서 재직했으며 1956년부터 말년까지 하이델베르그대학의 정교수로 우크라이나문학을 가르쳤다.

우크라이나어만이 아니라 러시아, 독일어, 폴란드어, 체코어에 능통했던 자산을 기초로 하여 수 백편의 학술서를 발간하였다. 저서는 문학, 비평, 미학, 철학 등의 경계를 넘나드는 다원적 박학다식함과 독창성을 특징으로 한다. 그 중 문예사조사는 고전으로 평가받고 있으며 비교학적 관점에서 바라본 슬라브 문학사 연구는 타의 추종을 불허한다. 특히 우크라이나문학에 대한 열정은 남달랐다. 구비시대부터 19세기까지를 집대성한 우크라이나문학연구를 비롯하여 1941년부터 집필한 세권짜리 우크라이나 바로크문학, 스코보로다 연구, 고골론, 우크라이나문학사 등이 대표 저서이며 세계 각국어로 번역, 출간되어있다.

치제프스키 서술의 가장 기본적인 전제는 문학이 다른 인간 활동, 정치적, 사회적으로부터 분리되어 존재하는 유일한 영역이라는 신념에서 비롯된다. 동시에 문학사는 순수문학적 접근에서 내재적 문학규범과 더욱 관계가 있다. 이는 형식주의 내지는 구조주의적 관점에서 다루고자 하는 의도를 내포한다. 문학을 사회와 관련 하에 의미부여를 도모하는 것이 아니라 심미적 체험을 바탕으로 문학을 해석해야 한다는 관점이다. 동시에 사회적, 문화적 배경을 망각한 것은 아니다. 그는 종종 문학현상을 우크라이나문화와 사회사의 프로세스에 연관시켰다. 문학의 특수성과 함께 사회적 성격과 문화적 의미까지 짚어가면서 보편성과 특수성을 동시에 다루고자 한다.

이런 개념들을 포괄하는 문학 양식은 문학 연구의 기초개념이면서 문학적 현상에 대한 역사적 기술의 핵심을 이룬다.5) 양식의 부재는 시대 문학을 연결시키는 공통 경향과 보편 성격을 갖는 총체적 문학사를 서술할 수 없기 때문이다. 양식이라는 개념에 기초해 수많은 개별 작품들은 논의할 하나의 관념으로 끌어들일 수 있는 것이다. 스타일은 치제프스키 문학사의 실체, 이론의 중심사상으로서 우크라이나문학을 시대상 구분하여 주기화시킨다.

서양문학 전체의 흐름을 그래프로 도식화하거나 유형화시키려는 시도는 뵐블린, 크쥐자노프스키 등 여러 학자들에 의해 정립되어왔다. 문학사적 특성에 대한 전개 양상을 X축과 Y축을 기준으로 타원형 모양의 파고가 대칭을 이뤄 진동하듯이 시기와 영역별로 균등하게 반복적으로 분할되며 각 사이클의 최상과 최하점들은 상호간의 매우 유사한 성격을 지니게 되는 반면에 기존의 그래프를 좌나 우측 방향으로 한 단계씩 전이시켜 만들어지는 대칭점은 바로 전후 단계에 대한 반작용을 의미하게 되는 것이다. 따라서 바로크와 낭만주의 그리고 신낭만주의가 동일 선상에 자리하게 되고 또 다른 그룹으로서 르네상스와 고전주의 그리고 사실주의가 상호 관련 있는 사조나 운동으로 설명된다.

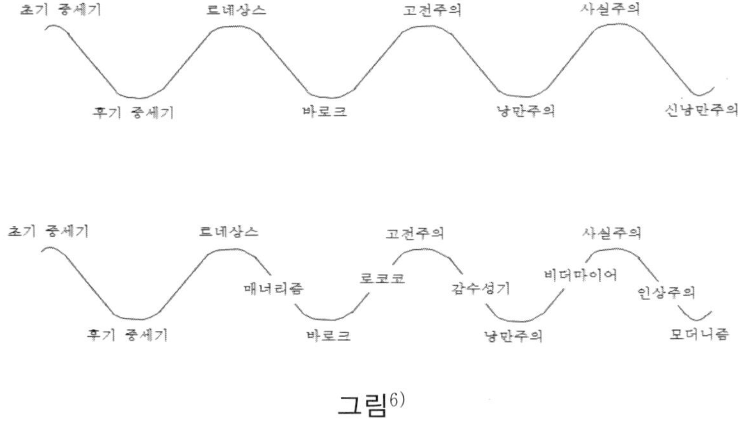

그림6)

위 방식이 문학사의 서술이라기보다 형이상학적 철학의 범주로 비판받을 소지도 있겠지만 장구한 세월속에 문학적 자취를 거시적 안목으로 도해한다 라는 점에서 나름대로의 의미는 확보된다. 비코(Giambattista Vico)나 슈펭글러(Oswald Spengler)의 나선사관 혹은 숙명사관이 보여주는 경직성과 차별화되며 토인비의 사이클과도 비교되는 양상들을 보여주기 때문이다. 전체적인 맥락에서 문학의 역사가 마치 유기체와 같이 발생, 성장, 쇠퇴, 해체라는 운명선에서 똑같은 과정을 밟는 것이 아니라 개별구성인자들의 역할에 따라 시대적 변화를 달리한다는 점에서 그러하다. 후기 저작에 들어서면서 각 주기 사이에 전환을 이루게 되는 변곡점을 설정하고 새로운 사조가 발현하기 전 정점에 해당하는 경향이 더욱 정교하게 기술되고 있는데 이런 점에서 가치는 배가된다.

III. 우크라이나 문학사의 구조와 해부

치제프스키 문학사 연구의 서술구조와 형식은 다음과 같은 틀을 형성한다. 명확한 시점을 규정하여 구분 짓을 수 없는 것이 사조적인 특징이지만 일차적으로 그 경계를 밝히는 것도 문학 연구자의 소임이라고 여기고 경계에 대한 설정을 수행한다. 그리고 새로이 탄생한 범주, 이론적 개념을 정립시킨다. 여기에는 일반적 현상 즉 형식이라던가 조류, 세계관 등이 일괄적으로 조망되어지고 이해와 인식의 지평을 넓히는 방법으로써 기존 사항과의 차이는 무엇이며 주요 배타성의 문제를 대조시켜 보는 차원에서 서술하고 있다. 이는 세계문학이 공유하는 보편성과도 일치한다. 다음 단계에서 연구대상으로 삼는 슬라브 세계의 문학이 본격적으로 거론되어진다. 위에서 제시된 일반 사항들을 대입시키는 절차를 밟는데 서구 혹은 주변 문학들과의 공통성과 아울러 특수성을 발견한다.

장르의 변화양상은 중요시되는 부분이다. 시, 산문, 희곡 등을 일일이 세분시킨 다음 작가와 작품을 해설하며 텍스트상의 문제, 내용적 측면으로 돌입하는데 언어, 이데올로기, 주인공, 인식태도 등을 나열한다. 문체적 특성으로서 스타일, 기교 등 구체적 문학적 장치를 위한 수단들이 분석되어지며 각 장의 후미에는 시대를 풍미한 문예사조의 위기와 종말 과 함께 문학간 상호관계 나아가 문학외적인 문화사적 가치를 위치시킨다.

저자는 우크라이나문학을 구비문학에서 출발하여 번역과 차용, 기념과 장식의 문학 13-14세기 문학, 르네상스와 종교개혁, 바로크, 고전주의, 낭만주의, 사실주의로 세분한다. 하지만 각 본문의 중간에 약 6-7장의 마이너에 해당하는 문학의 흐름도 잡아내고 있다. 번역과 차용문학, 라틴어문학, 민족 갱생문학, 우크라이나 감상주의, 비더마이어(Biedermeier)와 자연주의가 그것이다.

III-1. 기원과 전개 - 구비와 기록

전반적인 우크라이나문학의 역사에 대하여 대략 10단계 정도로 파악하고 있으며 구비부터 19세기 초반까지 전개양상에 대하여 7단계의 발전과정으로 서술하고 있다. 초기단계인 고대와 중세는 자료 수집의 한계에 부딪치기도 하겠지만 먼저 장구한 세월 속에서 묻어나오는 무게감과 과도한 수사적 표현들로 치장된 종교적 신성이 배가됨으로써 연구성과가 저조하며 미적 대상물 자체의 관심이 적은 것도 사실이다.

저자는 비범하게 기원에 대한 관심과 문제를 제기한 연구자중 한 사람이다. 고대 문학이 후세에 지대한 영향을 미친 전통이자 진정한 문학의 출발점이라는 사실에 기초하여 다각도로 문학적 자취를 규명하려고 하였다.[7] 모스크바시대 이전과 13세기 킵챠크 지배의 과도기에도 키에프의 문학적 잔상을 여러 곳에서 추적하였다. 먼저 고대를 기점으로 하여서는 기독교수용 이전 원초적 슬라브성을 찾고자 민족의 시조와 역사의 원류를 밝히는데 주력했다. 일상생활 속 전승 집단의 사상이나 가치관이 직접적으로 담겨진 풍습이나 의례와 의식 등에 주목하였고 문학의 시작으로서 민속 및 신화에 초점을 맞췄다.

그는 우크라이나문학의 성립을 882년 올레흐의 키에프 정복이후 988년 키에프 대공인 블라디미르가 비잔틴으로 부터 그리그도교 섭취한 사건과 직결시킨다. 기록이전 구비문학은 별도로 친다고 해도 우크라이나 문학의 유산은 10세기 말-13세기 키에프 루시의 러시아, 벨로루시의 문학전통과 맥을 같이한다는 견해이다. 이는 키에프가 13세기 몽골의 침입으로 쇠잔의 길로 접어들기까지 정치적, 문화적으로 동슬라브 제족의 중심이었다는 사실에 기인할 것이다.[8]

대공의 세례는 곧 국교로 이어지며 이를 계기로 키에프 문화는 다방면에서 개화기를 맞이한다. 수많은 사원건립을 통한 건축과 성상을 구현한 각종 회화나 조각 등은 예술미의 극치를 보여주고 있다. 교회슬라브어는 고대문학기 전 기간에 걸쳐 문장어의 위치를 차지했는데 슬라브 민족전례서나 역사관계서 등 각종 서적들이 번역되었다.

문학에서도 많은 걸작이 나왔다. 특히 '원초연대기'(Повість минулих літ)와 '이호르 원정기'(Слово о полку Ігоревім)는 당대 대표작으로 알려진다. 전자는 편찬자였던 키에프 수도사의 이름을 따 네스토르(Нестор) 연대기라고도 불려지는데 많은 사료가 사용되고 구성이 다양하여 글의 성격을 단정짓기 어렵지만 후반부로 갈수록 그리스도교적 세계관이 투영된 교훈조가 뚜렷하다.[9]

후자는 제공(諸公)이호르가 키에프 루시 땅을 수시로 범한 이민족 정벌을 위하여 드네프르강 광활한 스텝지역으로 출정을 떠나는 스케일이 걸출한 원정기로 혁혁한 승전과 패전, 포로생활과 탈출, 병사들의 무용담을 그린 서사시이지만 한편으론 사건의 단순한 기록에 중점을 둔 연대기와는 차원이 다르다.[10]

키에프 루시문학에서 성자전의 존재는 특별한 현상으로 파악하였다. 기독교 수용이후, 비잔틴 교회의 문학 형식과 내용이 많은 영향을 준 것은 자명하다. 성자전이 저술될 당시 고대 루시문학은 기록문학의 체계들을 수용하는 초기 단계였고 특정 장르라는 형식보다 오히려 사회적, 문화적 요구에 의해 생산되는 극히 초보적 단계라 볼 수 있다.

비잔틴과 남슬라브에서 유입된 이미 정형화된 형식이 루시 사회의 문화체계에 의해 변형되고 재창조되어 현실을 반영시키는 수준에 이르게 되는데 이제 성자전((Сказаніе)에 와서 비잔틴과는 구별되는 테마와 다양한 형식적 요소들을 갖추게 된다 라는 것이다. 또한 민중적, 구비적 그리고 연대기적 요소 모두가 공존한다 라는 점도 문학적 의의로 지적된다.

그는 루시 문학에 대한 독자적인 시각을 보여준다. 특히 장르에 대한 연구가 그러하다. 수행을 위한 방법론으로 초기에는 순수문학적 접근을 택하였다. 장르가 문학의 내용, 구성, 문체까지도 지배한다는 전통적인 관점을 견지하면서 장르의 명칭을 재정립시키고 문체의 정확한 특성을 잡아내는데 집중했다.

한편 점차 후기로 접어들면서는 종래적 시각보다 오히려 외부 복합적 기능에 치중하였다. 루시 문학에 대한 장르의 체계를 밝히는데 있어서 이 같은 방법을 적용시켰는데 고대 장르의 발생은 어떻게 시작되었고 그 전개 양상과 관련하여 텍스트 자체만이 아니라 종교, 예술, 시대양식 등 여러 대상으로 까지 연구범위를 확장해 나갔다. 즉 문학을 전체 문화사적 내지는 사회적 맥락으로 고찰하려는 흔적은 어렵지 않게 발견된다.[11]

III-2. 중세와 바로크 -정교와 이교

주지하는 바대로 낭만주의가 고전주의에 대한 안티테제라 한다면 바로크는 르네상스의 안티테제이다. 르네상스가 금욕적이고 신 중심의 중세문화를 부정하여 일어났다면 바로크는 르네상스의 조화스럽고 명쾌한 인간중심의 자유분방함을 경험한 뒤 다시 중세후기로 돌아가려는 자세를 취한다. 따라서 르네상스가 중세기를 벗어나 인간을 위한 전적인 속(俗)이라면 바로크적 속성은 중세와 르네상스를 섭렵한 성(聖)과 속(俗)의 자화상이라 할 수 있다.

이 시대 문학은 고대와 별반 차이를 보이지 않고 과거의 재현에 불과했다. 구조와 언어가 적당히 재편되는 정도에서 그치고 있는데 치제프스키는 이 시기 우크라이나 문학을 상대적으로 왜소해 보이며 미약하다고 규정지으며 문학사적 내용의 서술보다 침체가 초래된 현상과 원인 분석에 오히려 상당한 면을 할애하고 있다.

이런 이유 중 하나는 중세이후 르네상스를 거쳐 바로크에 안착한 우크라이나의 문화가 성(聖)을 기초한 종교적 비대함에서 기인한다. 중세기 서유럽 문화유입의 매개체였던 우크라이나는 동슬라브권에 비쟌틴 문화와 고대 라틴문학을 전달하는 교두보적 창구역할을 담당했다. 르네상스와 종교개혁시절 폴란드의 영향력에 의해 우크라이나는 새로운 사상을 받아들이는데 적극적이지 못했다. 이러한 통로를 통하여 17-18세기 폴란드의 바로크는 역시 러시아로 전달되었다.12)

당시 벨로루시와 우크라이나에는 수 많은 학교가 세워져 성직자와 법률가, 문인들을 배출하게 되는데 폴란드 남부 크라쿠프소재 야기엘로인스키 대학을 롤모델로 한 키에프 교회 아카데미의 창립(1615)은 바로 그러한 표본이라 볼 수 있다. 설교와 교육을 담당한 시메온 폴로츠키(Симеон Полоцький)의 제자였으며 아카데미출신 데르자빈(Г. Державін)로부터 러시아 바로크의 마지막 전통을 찾고 또 우크라이나 출신 고골에게 바로크 문화유산을 발견하는 것도 바로크와 우크라이나와의 관계를 시사한다.13)

이 시기 우크라이나작가로 스타브로베츠키(К. Ставровецький),스모트리츠키(Смотрицький)와 함께 바로크의 정점에 위치한 스코보로다(Г. Сковорода)를 소개하지만 훗날 영향력으로 견주어 볼 때 그는 철학 혹은 사상가적인 색채가 짙은 게 사실이다. 그들 대부분이 성직에 몸담고 있거나 정교회 주위 동호회 멤버라는 점에서 일반 민중과의 괴리감은 좁힐 수 없었으며 세속적 주제에 대한 기대치는 충족시키지 못했다. 왜냐하면 창작 주체의 관심사는 당연히 성인전, 설교, 예언 등 극히 제한적일 수밖에 없었고 교회어로 씌여졌기 때문이다.

정교관련 드라마나 민속관련 원형극의 보존이 미비했음에도 불구하고 희곡분야를 통해 우크라이나 바로크문학이 활성화된 인자는 라틴 가톨릭계열의 종교성 짙은 극 예술을 수용하면서였으며 뿐만 아니라 자카르파티아지역의 경우 신교를 통하여 역시 장르의 다양성을 꾀하는데 한몫을 하게 된다. 프로코포비츠(Т. Прокопович)의 블라디미르가 그러한 익살스런 해학극의 대명사로 지목된다.

이러한 치제프스키의 분석 중 코틀라레프스키(I. Котляревський)에 대한 또 다른 해석은 이채롭다. 우크라이나 문학의 아버지로 추앙받아온 그가 실행시킨 언어개혁과 문학운동이 오히려 시대착오적인 일면을 가진다는 지적이다. 18세기 말 그의 견해대로라면 구시대적이며 반민중적인 바로크의 회귀성향을 다시 돌이켜 보자라고는 것인데 이러한 주장으로 하여금 우크라이나는 문화의 격을 한층 높일 절호의 기회를 상실했으며 찬란했던 키에프 고대왕국의 영광을 부활시키지 못하는 결과를 초래했다고 간주하고 있다.

III-3. 문학의 부활기 – 민족과 근대

침체의 터널에서 빠져나온 우크라이나문학은 18세기 말에 다다르면서 진정한 부흥의 길로 접어들게 된다. 중세기 냉대를 받아온 민중 속 토속어는 명실상부한 문어로 자리 잡게 되었다. 이제 문학을 통하여 깨어난 의식이 본격적으로 민족전체로 피어나게 되는 계기가 되었다. 여기에는 여하튼 극작가이자, 시인이었던 이반 코틀라레프스키 창작이 크게 작용하였다. 1789년 에네이다(Енеïда)의 발표로부터 근대 문학은 견인되고 또한 우크라이나의 고전으로 불려지게 된다.14)

근대기 문학을 거론함에 있어서 서부 우크라이나의 중심 갈리치아는 빼놓을 수 없다. 이 지역 출신으로 루스카 3인방으로 대표되는 샤스케비츠(B. Шашкевич), 홀로바츠키(Я. Головацький), 바힐레비츠(I.Вагилевич)에 의해 우크라이나 낭만주의는 전조가 드리워졌고[15] 이러한 불씨는 동부의 하리코프로 중심축이 옮겨져 마침내 키에프에서 절정에 이르게 되었다.

키에프에서 비밀리에 결성되어진 키릴메포딥스키협회(Кирило-Мефодіївське братство, 1845-1847)는 우크라이나 근대의식 형성에 기여한 바 있다. 홀락(М. Гулак), 빌로제르스키(В. Білозерський), 코스토마로프(М. Костомаров), 안드루스키(Д. Андрузький), 아르테모프스키(С. Артемовський) 등 여기에 참여한 지식인, 작가들은 근대 우크라이나 지성의 모태일 뿐만 아니라 민족정체에 바탕을 둔 언어관, 사상, 이념 등에서 정치적 성향이 다분하였다.

협회가 어떻게 발족하고 어떠한 이념에 입각하였는가에 대한 의지나 일종의 강령은 코스토마르가 펴낸 '우크라이나 민족 창세기'(Книги буття українського народу)에 잘 나타나 있다. 형제 회원들은 억압과 핍박받아온 우크라이나를 메시아적 존재로 인식하고 우크라이나민족을 통해 슬라브 내부 체계의 안녕을 도모하고자 했다. 이들은 일곱 민족으로 구성된 민주 연대가 이상적이라고 판단하고 범슬라브주의에 기초한 연방을 표방하게 되는데 이는 실제로 우크라이나 민족주의를 갈망하는 협회의 궁극적인 목적과도 무관하지 않다.[16]

이는 과거 인식적 측면에서도 여실히 드러난다. 이들의 관심은 유독 17-18세기 코작사회에 집중되었는데 자유 우크라이나의 진정한 출발이자 역사의 정수로서 평가했다. 독자적이며 자율적인 민주 체재를 형성하여 귀족 폴란드에 항거했으며 또한 전제 차르정과도 대비시켰다.

우크라이나 낭만주의를 대표하는 셰프첸코 역시 협회의 결사에 가담했다가 47년 체포되어 중앙아시아의 광야 오렌부르그 등지를 전전하며 10년의 유형생활을 보냈다. 대부분의 창작들이 우크라이나어로 씌여져 그가 국민문학의 바탕을 형성했다고 간주한다. 1840년 출간되어 총 8편으로 이뤄진 첫 번째 시집 "음유시인(Кобзар)"는 민족 시인으로서 지위를 확립한 작품이다. 시집을 관통하는 것은 시인의 향토애와 민중의 부침에 대한 애정이 민요적 색채와 운율로 드러난다. '카타리나', '백야'(白楊), '소곡'(小曲)은 여성 관련된 인습에 의한 사회적 모순과 비극을 그린 서사시이고 또 다른 소재는 민간전승을 바탕으로 이별의 恨을 노래한 감수성 짙은 시다.[17]

어찌하여 나에게 검은 눈썹 갈색눈동자
발랄한 처녀의 젊은 시절이 주어졌던가!
나의 젊음은 헛되이 사라지고
눈물에 범벅진 검은 눈썹은 바람 속에 흩날린다.
자유를 잃은 새처럼 마음은 괴로워 행복도 없는데
어찌하여 아름다움은 있다는 말인가!
홀로 산 다는 건 궁상맞고 가족도 남만 같구나 –
다정히 얘기 할 이도, 왜 우느냐 묻는 이도 네겐 없다
무얼 원하여 암비둘기처럼 온종일 구구대는지
아무도 묻지도, 알지도, 듣지도 않는다
왜 묻겠는가? 홀로 울면 될 것이고 세월은 덧없이 흐르는 것을 –
마음이여 울어라, 눈물이여 흘러라
깊은 잠에 빠지기 전, 더 크게 더 가련하게 울어라
바람이 울음을 듣고 작은 폭풍우가 되어
푸른 바다 저편 변덕쟁이 남정네에게
검은 머리 흘러가 비참한 비애를 맛보도록 –

44년–45년 시인은 '꿈', '카프카스', '유언' 을 통해서 전제정치에 대한 신랄한 풍자와 무장봉기를 민중의 언어로 직설적으로 호소하기도 했다. '오스노비야녠코', '이반 피도코바', '타라스의 밤' 등은 모두 지난날 우크라이나 코작의 용맹스런 모습과 자유스러운 생활을 회고한 작품이다. 하지만 영광스런 시대적 찬가는 현재에 대입시키면 강압과 궁지에 허덕이는 한탄의 노래로 뒤바뀐다. 석방 후 61년까지 후기작은 더욱 광범위한 주제를 다루게 되며 57년 6월부터 쓴 일기는 문학적 성격을 지닐 뿐 아니라 자료적 가치가 있다.

다음 비중 있는 작가로 번역가, 역사가이기도 한 쿨리슈(П. Куліш)를 조명한다. 코작 집안의 출신으로 키에프 대학을 수학한 후 한때 루츠크에서 학생들을 가르쳤으며 미하일로 차르니쉔코르를 주인공으로 한 역사소설을 집필하기도 했다. 셰프첸코가 창작에 있어 전래민요, 옛 이야기 등 구전을 통한 민중의 언어를 부각시켰던 반면 쿨리슈는 고급스러운 문어화에 대한 주장을 펴기도 했는데 1843년 발표된 서사시 '우크라이나' 와 산문 검은 민회(Чорна рада)등 대표작에서 그런 입장을 어느 정도 엿볼 수 있다.

19세기 후반을 풍미한 사실주의는 민중주의자 보프쵸크(M. Вовчок)가 쓴 "서민들의 이야기"(Народні оповідання)가 효시로 여겨진다. 투르게네프에 의해서 러시아어로 간행되기도 한 작품으로 시골의 실상과 궁핍한 농촌생활에 대한 묘사를 주로 구사하였고 여기에 민중주의라는 사상적인 논리들이 결합되어가면서 한동안 여타 우크라이나 사실주의 소설의 전형적인 테마로 자리 잡았다.

인텔리계층의 단면, 사회 부정과 부조리상 등 고발적 성격의 소설들은 시기상 뒤늦게 등장하게 된다. 파나스 미르니(П. Мирний)의 '여물통이 채워질 때 아마도 누렁 소는 구슬피 우는가? ' (Хіба ревуть воли як ясла повні), 배고픈 자유 (Голодна воля)는 적나라한 이 부류의 초상들이다.[18]

그리고 이 시기를 대표하는 인물로 이반 프랑코를 주목한다. 그는 새로운 차원에서 우크라이나 사실주의의 개막을 알린 불세출의 작가이다. 동시에 비엔나 대학에서 수학한 학자이자 진보적 인텔리로서 이전 세대의 혁명적인 민주주의 정신을 흡수하고 1874년 이후 줄곧 인간해방, 자유평등을 위한 사회활동 및 창작을 병행하였다. '과학 및 사회평론' 과 같은 유수 잡지를 발행하였으며 1870년대 급진적 우크라이나당을 창설하는 등 새로운 사상적 행보를 주도하였다.

갈리치아 산문으로 통하는 그의 소설들은 에밀 졸라식 자연주의와 유사해 보이기도 하지만 이에 대한 극복 또한 시도되었다. 우크라이나 농민의 억압과 부농에 대한 투쟁을 그린 최초의 작가로 '보리슬라프 이야기'(Борислав), '숲과 목장'(Ліси і пасовиська), '검독수리 자하르'(Захар Беркут),'법정에서' (На суді) 등의 작품에서 자전적 생활상 및 사회심리문제들을 다뤘다. 이런 주제들은 귀족 나리님의 익살(Панські жарти), 비센스키(I. Вишенський), 봉우리와 골짜기에서(З вершин і низин), 모세(Мойсей), 훔친 행복(Украдене щастя)등과 같은 시작(詩作)과 희곡 등을 통해서도 유감없는 역량이 발휘되었다. 오늘날 우크라이나에서 민족의 지도자라고 까지 추앙받고 있는 그가 문인으로서 존경의 대상이 되는 한 가지 이유로는 시공을 초월한 보편적 휴머니즘을 문학세계에서 구현해내고 있으며 영원한 인류적 과제 역시 동시에 남기고 있기 때문일 것이다.

III-4. 시대와 모던 - 순수와 이념

세기말로 접어들면서 서구 사상의 유입과 함께 다양한 문학운동이 펼쳐지며 모더니즘이라는 새 바람이 불어오게 된다. 대표적 모더니스트로 신낭만주의 시인, 우크라인카를 비롯하여 코츄빈스키, 스테파닉, 코빌랸스카 등을 언급하고 있다. 셰브첸코와 프랑코 문학의 계보를 잇는 우크라인카(Л. Українка)는 창작 초년에는 압정에 대한 항거, 혁명사상을 반영하는 투쟁을 노래하지만 만년에는 로맨스 경향을 가미, 개인주의적 열정으로 가득 찬 자유적 감상을 전체 모티브로 지적되었다. 그녀는 종종 서양고전, 철학, 고대신화에서 소재를 취재했는데 '노래의 나래를 타고'(На крилах пісень), 사막에서(У пущі), 카산드라(Кассандра), 삼림노래(Лісова пісня) 등이 그러하다.

이제 퇴폐성이 짙은 상징주의만이 아니라 신고전주의, 미래주의, 아방가르드 등 각기 다른 그룹들이 특정 시기를 거론하기 무색하게 봇물처럼 쏟아져 나왔다. 이들 상당수는 문학 이외 또 다른 예술 장르를 서로 넘나들면서 재능을 과시하게 되는데 20년대 문화적 부흥기는 그러한 예술인들이 펼친 종횡무진과도 무관하지 않다. 1932년 소비에트에 의해 사회주의적 리얼리즘이라는 창작기법이 강제되어 영향을 받게 되지만[19] 40년대 만개한 문학은 이전 작가들의 종합적 자양분을 통해 재생되었다.

초기 상징주의는 티치나(П. Тичина)로 시작되어 테레슈첸코(I. Терещенко), 슬리사렌코(О. Слісаренко),자훌(Д. Загул) 등으로 계보가 이어지는데 우크라이나 현대 대표 희곡작가 겸 소설가 빈니첸코(В. Винниченко)의 작품을 장르불문, 필력의 특징으로 보아 같은 부류에 포함시킨다. 세멘코(М. Семенко)로 시작된 미래주의는 미콜라 바잔(М. Бажан)으로 정점에 이르게 되는데 우크라이나를 대표하는 20세기 시성으로 높이 평가한다.

1917년부터 1932년의 조처가 있기 전 약 25년 동안 문학계는 혁명이라는 어수선한 뒤안길에서 상대적인 자유로움을 누렸다. 이런 상황은 1922년 벨로루시, 자카프카스와 함께 소연방에 편입된 후 소비에트 권력이 공화국내에 뿌리내리기 위한 필요성에 의하여 당과 정부가 취했던 우크라이나화 정책과도 무관하지 않은 것이다. 이런 분위기속에서 많은 문인들이 배출되었고 과학아카데미를 중심으로 역사를 위시한 다방면의 학문 연구가 활발히 진행되어 우크라이나의 총체적 문화생활은 일종의 르네상스와도 같았다.

문단에서도 재능 있는 그룹의 비중이 높아만 갔다. 민족적 낭만주의를 계승하지만 파격적이며 혁명적인 주제로 독자를 사로잡은 미콜라 흐빌로비(M. Хвильовий), 흐리호리 코신카(Г. Косинка), 야노프스키(Ю. Яновський)등이 중, 단편소설을 발표하고 유명세를 떨쳤다. 시인 미케 요한센(М. Йогансен) 그리고 연출가였으며 초기 우크라이나 공연예술의 산파격인 피드모힐니(В. Підмогильний), 극작가 미콜라 쿨리슈(М. Куліш), 코미디 작가 오스타프 비슈냐(О. Вишня) 등이 20년대 문학을 대표하였다.

하지만 그간 우크라이나화 정책은 30년대에 들어서면서 정반대로 전환되었고 오히려 문화예술계에 타격을 입히는 인자가 되였다. 20년대 우크라이나화를 추진한 지도자, 당원, 학자, 비평가들을 이제는 반역으로 탈바꿈시켜 민족주의자라고 죄상하고 차츰 탄압하고 숙청대상으로 내몰았다. 문인들에 대한 해직, 체포, 유형이 빈번했으며 10여년 이상의 세월을 뒤로 한 채 독자들은 신고전주의라는 새로운 장르와 접하게 된다. 이 분야를 개척한 제로프(М. Зеров), 릴스키(М. Рильський), 흐마라(М. Хмара) 등 출중한 시인들이 소개되었다.

56년 이후 숙청된 많은 우크라이나인들의 명예가 회복될 기미가 찾아왔다. 50년대 말부터 60년대 전반에 걸쳐 젊은 지식인들은 문화적 활성화를 시도하였고 우크라이나화를 요구하는 목소리가 높아졌다. 63년에는 당 1서기였던 П. 셰레스트가 이끌던 정치권에서 조차 국내 우크라이나화에 대한 지지를 표했다. 사회적 훈풍과 함께 문단에는 소위 60년대 작가들로 불리워진 뉴웨이브가 주목을 끌게 되었다.

스탈린시대의 산물인 사회주의 리얼리즘을 전면적으로 거부한 이들로는 코스텐코(Л. Костенко), 시모넨코(В. Симоненко), 드라치(І. Драч), 칼리네츠(І. Калинець),홀로보로디코(В. Голобородько), 비흐라노프스키(М.Вінграновський) 등이 거론되는데 당시 시대적 분위기를 혼탁하게 여겼던 정부는 작가와 작업들에 대한 정리와 단속을 일제히 벌였다 이는 비단 60세대에게 국한되지 않았고 1970년대 창작물에 대한 전면적인 고압 조처로 이어졌다. 72년 많은 우크라이나 반체재파가 체포당하였고 76년 결성된 우크라이나 헬싱키그룹(Українська Гельсінська Група)도 제재 대상이 되었다. 1980년대까지 인권과 독립활동에 대한 정부의 탄압을 폭로했던 바실 스투스(B. Стус), 레브코 루키야넨코(Л. Лук'яненко), 올렉사 티히(О. Тихий) 등 멤버 대부분은 감금되었거나 피살되었다.[20] 이는 우크라이나 사회를 정체로 몰고 갔던 직격탄과도 같았다. 문화예술계는 현실적으로 크게 저항하지 못했고 침묵으로 일관하거나 과거 회귀적 경향으로 돌아갔다.

그렇지만 절필하지 않고 거침없이 써 내려온 원고 그리고 그 속에 면면히 내려온 시대정신이야말로 바로 문학적 단상이자 현대 우크라이나 문학의 현주소임에 틀림없을 것이다.

IV. 결어

문학 텍스트는 각 시대 개별 작가의식의 산물이다. 하지만 시대와 함께 사라지는 것이 아니고 읽혀지는 당대 문학 속에 함께 존재한다. 텍스트는 연속적인 발전 단계에 따른 역사적 흐름을 보여주지는 않지만 과거와 현재가 함께 축적되어 공존한다. 문학 텍스트는 고정된 것이 아니며 역동적인 것이기 때문이다. 문학 체계 역시 선험적인 것이 아니고 가능성의 구조이다. 텍스트는 고정된 형태로 자리잡아 보이지만 역사적 체계로 새롭게 구성해야 할 대상, 역동적 실체로서 언제나 열려있다. 텍스트가 시대의 흐름에 존재를 실현하는 실체로서 문학사는 문학적 자취를 통해 새로운 시대적 의미를 능동적으로 발견하고 재구성하는 논리체계인 것이다.

문학사는 편의상 시기별로 나누고 각각의 문예사조와 작가군으로 분류하지만 문학은 역사적으로 하나의 독립된 실체로 단순하게 나타났다가 사라지는 것도 아니며 또한 한 작가도 복합적 경향을 동시에 드러내기까지 한다. 따라서 한 시대에는 여러 속성들이 뒤섞여 있다고 볼 수 있으며 문학이 철학적 명제도 과학적 언술이 아닌 만큼 문학의 자율성을 인식해야 한다. 이런 지적은 삶과는 관계없이 문학을 문학내부에만 찾을 수 있다는 것은 아니다. 문학은 나름대로 독자성은 유지하되 시대, 문화, 풍토와의 연계성에 대한 파악 없이는 밝힐 수 없는 영역이다. 특히 우크라이나의 경우 특수한 역사적 배경 하에서 문예적 속성만이 아니라 사회 각 분야와 상호 긴밀히 연계된 시스템적 특성이라는 점을 감안하면 더욱 그러하다. 이렇게 볼 때 문학은 타 영역보다 다른 표현 양태나 방식을 취하고 있기도 하다.

문학 양식과 기법이 아무리 혁신을 가져왔다 할지라도 과거와 무관한 독창적 양식은 아니며 존재했던 문학과 예술에 대한 반응으로서의 새로움이지 완벽한 새 양식의 창조가 아니라는 것이다. 현재 문학을 이해하기 위해서는 전통에 대한 이해가 필수적이라는 사실을 치제프스키는 문학사 전반을 통하여 역설하고 있으며 한 시대, 특정 사조의 획일화 그리고 전제화 라는 일방적 독주를 벗어나 균형감각을 취한다는 점이 서술상 또 하나의 특징이라 하겠다.

여타 연구와 비교하여 치제프스키는 특정한 시대, 환경, 문맥에 고정되기보다는 문학사를 통해 우크라이나문학을 재인식하고 재평가하는데 기여하고 있으며 문학을 단순히 시대사상을 반영하는 것이 아니라 시대정신에 깊이를 부여하고 밸런스를 맞춰준다는 역동적 의미까지 제시한다. 따라서 그의 문학사 연구는 문학에 대한 끊임없는 질문인 동시에 새로운 문학적 발견의 과정이라는 견해가 짙다.

〈요약문〉

　우크라이나 헤르손 태생의 치제프스키는 슬라브세계의 역사, 문화, 미학, 철학 등 다원적 연구 활동을 펼쳤던 학자이다. 특히 우크라이나 문학 분야에서 독창적 연구 성과를 내고 있는데 치제프스키 문학사 연구를 통하여 국내에서는 생소한 우크라이나문학의 전반적 흐름을 짚어 보려는 취지에서 출발하였다. 그는 이전 여타 서술의 유산과 한계를 몇 가지 측면에서 극복하려는 특징을 가진다. 우선 기술방식과 문학사적 관심 그리고 접근 방법에서 새로운 시도를 꾀하고 있다. 비록 철학적 형이상학의 범주로 비춰질 수도 있겠지만 문학적 현상들을 거시적 차원에서 역사적 흐름에 따라 유형화시키며 이를 다시 특정 전이단계로서 세분하여 도식화하고 있다.

　그는 슬라브문학의 경계선에서 우크라이나문학의 '절대 좌표'를 찾으려 부심(腐心)하였다. 심원한 원류를 추적한 루시문학이 그러했으며 코틀라레프스키, 셰프첸코 등 소위 '고전'에 대하여는 독자적이며 이채로운 해석을 내렸다. 연구의 전제인 순수 문학적 측면에서 내재적 문학 규범과 심미적 분석에 충실하면서도 사회적 성격과 문화적 함의를 총체적 관점에서 규명하려는 균형적인 시각이 돋보인다. 문학연구의 기초개념이자 시대를 효과적으로 연결하는 어떤 형식의 문학양식도 과거와 무관한 창조 그리고 완벽한 혁신이기보다는 문학과 예술에 대한 새로운 반응과 태도라는 주장을 폈다. 그는 전통에 대한 재인식 그리고 문학 전반에 대한 이해의 지평을 넓히는데 일조하고 있는 것이다.

문학과 철학의 경계에서 :

우크라이나의 소크라테스, 흐리호리 스코보로다
(Григорій Сковорода)의 思惟

Ⅰ. 도입

근대기 우크라이나 철학의 계보는 이반 비셴스키(I. Вишенський), 예피파니 스라비네츠키(Є. Славінецький), 페오판 프리코포비츠(Ф. Прокопович)로 이어진다. 이들은 근대 자연철학은 물론이요 현실 문제를 다루는 사회, 정치사상 등 혁신적 사고와도 관련성이 깊을 뿐만 아니라 초기 러시아 철학의 형성에도 많은 영향을 미쳤다.

이후 세대로서 철학사에 커다란 발자취를 남기고 있는 18세기가 낳은 소크라테스, 흐리호리 스코보로다(Григорій Сковорода, 1722-1794)는 이 논문에서 다루고자 하는 주요 인물이다. 그는 우크라이나의 대표적인 계몽 사상가이자 심오한 철학적 사유들을 일반 민중이 이해하기 쉽게 집필했던 장본인이었다. 스타브로베츠키(Ставровецький), 스모트리츠키(Смотрицький)와 함께 바로크 시대의 정점을 구가한 작가이기도 했던 그는 근대 우크라이나 문학을 대표했던 이반 코틀라레프스키(Котляревський)와 흐리호리 오스노뱌넨코(Г. Квітка-Основ'яненко)에게도 영향을 주었으며 새로운 문학어의 형성에도 공헌하였다.

스코보로다의 사유는 거창한 철학을 논하기에 앞서 먼저 자신을 성찰하고 인생을 관조하려는 데에서 출발한다. 청춘기 진리와 구도를 위한 순례와 방랑의 긴 여정 속에서 그의 철학은 애초부터 인류학적 관점에서 출발하였으며 이로 인해 소우주에 대한 의문 즉 사람에 대한 질문에 집중하게 되었다. 삶의 행복을 찾아가는 방법론, 진정한 행복은 무엇이며, 어떻게 얻어질 수 있는가 라는 명제가 스코보로다가 지향한 사고의 종착점인 것이다.

Ⅱ. 스코보로다의 생애와 문학

Ⅱ-1. 스코보로다의 생애와 활동

흐리호리 스코보로다는 1722년 우크라이나 하르키우(Харків)초르니누크히라는 작은 마을에서 태어났다. 가난한 농부 집안 출신임에도 불구하고 학업은

일찍이 키에프에서 시작하였으며 명문 모힐랸스카 아카데미(Києво-Могилянсь
ка Академія)를 마쳤다. 수학기간으로 서 1734년부터 1753년 까지 장기간의 성
직교육을 이수한 셈이다. 음악에도 조예가 깊었던 그는 두 차례의 학업중단을
겪는 동안에는 페테르부르그 왕실 합창단원으로 참여하기도 했었고 한때 헝가
리 토카이市로 파견된 제국의 선전대 음악감독으로도 일했다. 하지만 곧 우화작
가, 영성시인으로 활동했으며 이후 시대를 대표하는 철학자, 계몽사상가로 명성
을 떨쳤다.

동부 우크라이나 출신이었던 그가 동과 서의 경계에 놓여있었던 키에프로 와
교육을 받게 되면서 훗날 우크라이나는 물론 당대 러시아 철학을 완성하도록 양
분을 제공받게 된 셈이다.1) 특별한 문화적 위치를 차지한 도시, 키에프는 토종
비잔틴 문화는 물론이요, 서구 문명과도 친숙해질 수 있는 토양을 갖춘 곳이었
다. 여기서 라틴어와 희랍어는 물론 헤브라이어 등 고전어에 탐닉하게 되었고
그리스와 로마 고대 철학에 대한 심도 깊은 이해로 이어졌다.

당시 러시아 사회는 표트르(1682-1725)에 의해 서구화를 추구하였지만 철
학만은 아직 그리스 정교의 신학적 영역을 넘지 못한 상태였는데 1631년 설립
된 고등교육기관, 키에프 아카데미를 통하여 훗날 학문과 예술은 풍성해졌으며
종래의 신학적 지배로부터 벗어나 새로운 르네상스를 맞게 한 촉매 역할을 하였
다. 이 대학에서는 신학만이 아니라 고대 철학을 비롯해 논리학 등 다양한 교과
목을 교수했는데 50여년 뒤 모스크바에 설립된 슬라브 그리스 라틴 아카데미
(1682)에도 영향을 주어 유명한 학자집단들을 배출하였다.2)

수도 과정중 유럽 각국을 여행하게 되는데 그곳에서 앙샹레짐(Ancient
Regime)에 대한 항쟁을 목도했으며 계몽사상을 경험하게 되었다. 이른바 칸트
의 '세계 공민적 신흥시민' 이라는 용어는 스코보로다에게 충격 그 자체였다. 이
는 절대왕권과 교권이 지배하고 있던 당시 사회에 대한 거부감을 불러일으키기
에 충분했다.3) 신 문물을 섭렵하고 귀국한 스코보로다는 1751-1769년 기간
동안 페레야슬라브(Переяслав) 및 하르키우대학에서 시학과 윤리학 등을 가르
치며 후학 양성에 힘을 기울였다.

하지만 현실과의 괴리감을 극복하지 못하고 교회제도에 대한 비판적 태도를
취하면서 종교와 세속 권력의 박해를 받아 교육계를 곧 떠나게 된다. 이후 1794
년까지 반생을 동부 우크라이나 슬로비드스카(Слобідська Україна)에서 칩거하

며 보내게 되는데 그곳에서 구도와 수행을 통한 자기성찰에 전념하는 한편 시인, 철학가로서 다양한 역작을 남기게 된다.

그의 작품은 1894년 D. 바할리(Багалій)에 의해 우크라이나 하르키우에서 최초 출간되었으며 1912년 페테르부르그, 1963년 키에프, 1973년 모스크바, 1990년 북미 등지에서 간행되었다.

Ⅱ-2. 사유형식으로서의 문학

우크라이나의 소비에트 시기 학자들에 의하여 스코보로다 형이상학적 교리의 성격, 속성에 대한 의견은 분분하였다. 하지만 논의의 발단은 무엇보다 먼저 독특한 집필 스타일 때문에 기인한 것이라 여겨진다. 먼저 그가 남긴 글의 성격이 철학적이기보다는 문학적이며 사고를 조직화하기보다 구문론적 방식을 취하고 있기 때문이다. 특히 저작의 상당부분을 차지하는 시, 대화체, 우화, 서간문 등이 바로 철학과 문학 간의 뚜렷한 경계선을 그을 수 없다 라는 점이다.

이런 경향으로서 특히 1753년부터 2년간 집필된 '신성한 음악의 정원' 이란 제목의 글과 연이어 나왔던 십여편의 명상가곡을 들 수 있으며 1760-1770년 사이 하르키우 우화 모음집 그리고 12개로 구성된 문답식 대화집들이 그러하다. 시의 형태를 취한 우화집은 스코보로다 철학의 기본 목적을 파악할 수 있는 단서로서 인간이 행복에 도달하는 방법을 제시하고 있다. 여기서 행복은 즐거움, 흥겨움으로 명료하게 정의되며 근원적 지름길로 노동을 꼽고 있다. 나아가 권세욕과 사치를 증오한 윤리관과 더불어 직업관이 구체적으로 함께 기술되고 있다.

순수 철학서들이 노어로 씌여져 러시아 지식인들에게 반향을 불러 일으켰으며 키케로, 플루타르크, 호라티우스, 오비디우스 그리고 뮈레의 번역물 그리고 라틴어 혹은 우크라이나어로 씌여진 편지들은 글의 스타일상 문학적 유형으로 분류할 수 있다. 대부분의 저작들이 철학적 개념 대신에 상징과 비유 그리고 은유를 체계적으로 구사하고 있으며 분명한 메시지를 전달하기보다는 독자 스스로 의미를 찾아보도록 의도적으로 구성하였다. 토속미가 물씬 풍기는 우크라이나어로 작성된 시집은 1861년 공식 출간되었으며 번역물은 19세기말 선보여졌다. 전집의 형태로는 1973년 이후에야 작품의 모두가 빛을 보게 되는데 스코보로다의 시적 경향, 사상 그리고 도덕관을 한꺼번에 살펴볼 수 있다.

출중한 철학자 외에 작가로서 그의 문학사적 의의는 단연코 20세기 우크라이나 문화 재탄생, 문예부흥의 시조라는 점이다. 파행적으로나마 식민 상황을 극복해보려는 19세기 작가들 못지않게 1920년대부터 1960년대 문화부흥기 동안 우크라이나 작가들에게 미친 영향력은 지대했으며 특히 필리안스키(Філянський), 티치나(Тичина), 바르카(Барка), 스투스(Стус), 추바이(Чубай), 칼리네츠(Калинець). 드라치(Драч)와 같은 60세대 작가들에게 원초적 영감으로서 끝없이 샘솟아 흘러나오는 원천적 대상이었다.4)

II-3. 바로크 시대와 세계관

바로크 시대는 르네상스와 후기 인문주의가 끝나고 계몽주의가 도입되는 단계를 지칭한다. 당시 유럽은 종교적으로 가톨릭, 프로테스탄트, 칼빈파 등 3개로 나뉘어 30년 종교적 투쟁으로 혼란을 겪던 상황이었다. 민중은 오히려 절대주의 체재하에서 신에 의지하려는 경향이 나타났고 이런 연유로 범지학적 세계상을 보이기도 하였다. 동유럽의 체코와 폴란드에서도 이런 종교 갈등은 빈번하였으며 이 시기 우크라이나와 백러시아의 경우 문예 분야에서는 유럽화의 바람이 널리 파급되어 나가는 변혁기를 맞으면서도 한편으로는 사회적 정체성 형성에 있어 부정적 일면도 드러나게 되었다.

바로크적 속성은 르네상스의 안티테제(Antithese)로서 이전 시대 인간중심의 자유분방함을 뒤로 하고 다시 신 중심의 중세 후기로 돌아가려는 자세를 취한다. 사상적으로 스토아 철학의 재발견과 과학적인 사고를 낳게 되는데 기독교적 세계관과의 갈등 보다는 오히려 밀접하게 결합한다. 바로크 사회는 보편주의와 국가주의, 궁정과 시민 계몽문화, 세속과 내세의 동경이 양립하는 양상을 보인다. 바로크 문화는 다른 문화적 형태보다 더 강하게 사회 하부구조와 결합되어 있으며 특히 특정한 중심지나 온상지 없이는 그 배경을 상상할 수 없다. 따라서 영주나 귀족의 궁정 혹은 교회의 조직, 그리고 종교적 성격을 띠고 있던 대학과 지식계층과 밀접한 연관이 있다. 이 중 어느 측면이 우세한가에 따라 그 민족의 바로크적 성격이 규명되어지며 이러한 특정 문화의 온상지가 있다는 사실은 바

도표[5)]

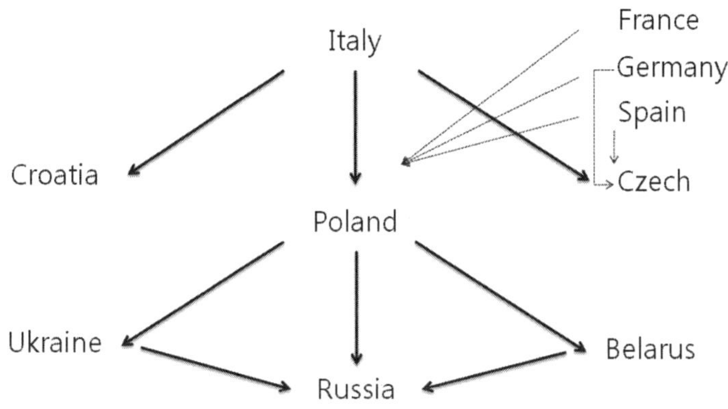

로크 전통이 시대를 뛰어 넘어 지속 가능성을 설명해준다. 또한 바로크는 민중의 저층속으로 들어가 민속분야와도 뿌리를 같이 한다. 종교 의례나 장례의식 그리고 속요 등 생활문화와도 깊숙한 관련을 간과할 수 없다.[6)]

바로크는 자연에 대한 각별한 관심을 가졌다. 근대 자연과학의 위대한 발견인 갈릴레이, 케플러, 하베이, 린네 등은 모두 바로크의 소산이었다. 바로크의 조형은 바로 이런 세계관을 반영한다. 르네상스의 직선과 반원, 고딕의 예각과 평행선 대신 대각선 혹은 나선형 구도로 소용돌이치는 다이나믹한 에너지, 개성을 넘치는 역동성을 즐겨 사용하였다. 이전의 조화로운 투명성, 단순성 대신에 수많은 장식을 사용한 복합성을 추구한다.

따라서 바로크의 예술은 삶과 사물의 변모, 유동성에서 생명력을 분출하는 움직임의 영역이다. 현실에서도, 문학에서도 변화와 변형을 동경하여 화려하고 장식적이며 과장된 언어가 특징이다. 따라서 명시적 묘사대신 은유와 비유가 즐비했고 자유분방한 이미지가 비현실적 공간을 끊임없이 창조하였다.

Ⅲ. 철학적 실체와 해석

스코보로다에 대한 철학적 견해는 다양한 방법으로 해석되어 왔다. 중용과 사고의 다양성, 엄격한 이성주의자, 신비주의의 한 형태, 기독교적 플라토니즘, 모럴리스트 등으로 평가한다. 먼저 철학이 우리에게 일반적으로 제일 문제로 삼아 던지는 몇 가지 물음, 즉 형이상학, 존재/인식론, 윤리/가치론적 측면으로 나누어 살펴보고자 한다. 이는 어찌 보면 고찰을 위한 편의적 방법에 가까운 것이다. 왜냐하면 철학은 유기적으로 결합된 학문으로서 고대로 거슬러 올라가 플라톤의 경우에서도 그러한 복합적 함의가 다분하였다. 실제로 인식론과 존재론, 윤리학을 체계적으로 조직, 유형화한 것은 18세기 초 크리스티안 볼프(Woff)에서부터이다. 스코보로다의 주장은 섬세하여 사실상 분열이 불가능하다. 치밀하게 얽혀 있어서 사유의 관점을 달리한다고 하여도 새로운 접근을 시도하는 또 다른 연결 통로만이 파악될 뿐 사유의 근간이 되는 긴밀한 연결성은 재차 확인된다.

Ⅲ-1. 형이상학

형이상학은 존재로서의 존재(Being qua Being)를 탐구하는 학문이다. 아리스토텔레스는 형이상학을 제일의 철학으로 부르고 학문체계의 최고위에 두었다. 왜냐하면 이 학문이 존재하는 모든 것의 본성과 구조를 탐구하기 때문이다. 제일가는 원인과 원리인 지혜학(sophia)이 바로 형이상학이다. 따라서 형이상학은 세계의 궁극적 근거를 연구하는 학문, 즉 근원에 대한 천착과 더 이상 소급해 올라갈 수 없는 제일가는 근거인 것이다. 이러한 기획에서 가장핵심이 되는 것은 바로 존재가 갖는 범주들을 규정하는 것이다.[7] 경험세계를 초월하여 감각세계의 본질인 이데아의 세계가 있다고 주장 . 특수 영역과 시야를 넘은 초월의 시야로부터 얻어지는 초월적 지식이다. 스코보로다의 철학에서 먼저 이런 논의의 중심개념을 살펴보는 것은 필요하다.

먼저 그는 현실을 동등한 세 개의 세계로 나눈다. 모두를 아우르는 우주, 대우주와 이 보다는 작으며 인간을 포함한 세속적 세계인 소우주 그리고 상징적 작은 우주, 성서의 세상, 이것들이 세계를 구성한다. 여기서부터 스코보로다가 전개해나가는 철학은 출발한다. 이 세 가지의 세계는 각각 내면과 외면, 정신과 물질 그리고 단순한 지식과 사리를 분별해내는 깨달음을 내포하는 특성을 지닌다.

다시 말해 대우주는 2가지 자연(Nature)이 존재하는데 신학적 우주와 물리적 우주로 분리하고 있다. 인간은 정신과 육체 그리고 성경은 진리와 가시적 실체로 나누고 있다. 각 세계는 양자중 전자인 내적 원리를 더욱 중요하게 여긴다. 거기에 영원불멸이 있으며 외부를 규정하고 유지시키는 법칙이 있다고 보았다. 자기인식이 모든 지식의 근원이며 이를 캐냄으로써 자신이 속한 우주만이 아니라 다른 2가지 우주에 대한 가장 원천적 진리와 인식의 문제를 발견하리라 확신하고 있는 것이다.

특히 스코보로다는 세 번째 세상으로 거론한 성서를 가장 즐겨 보았으며 연구의 대상으로 삼았는데 무엇보다 성서를 인간이 만물을 파악할 수 있는 지혜의 보고라고 여겼다. 하지만 그는 종래의 믿음에서 벗어나 액면 그대로의 성경을 받아들이는데 반대했다. 맹신적 추종이 오히려 잘못된 미혹이라는 신념에 사로잡혀 오류를 범하게 되는 원천으로 간주하고 있기 때문이다.

그의 철학적이며 이론적 저술들은 대화체 형식을 취하고 있다. 위트와 상상력이 풍부하면서도 상징적 의미에 대한 논의가 주로 펼쳐지며 격정적인 스타일을 고려해볼 때 소크라테스적 전개 방식과 유사하다. 내용면에서는 도덕성을 겸비하여 존재론적 물질주의와 감각적 경험주의에 대한 날카로운 비평을 담고 있는 한편 범신론적이며 신비 신학적 색채를 띠는 이원론적 우주관이 보인다.

또한 "자연을 정복하기 위해서는 자연을 탐구하라" 는 베이컨 학파의 지적대로8) 스코보로다 역시 현실적 양상(樣相)에 관하여 "자신을 완성하기 위해서 자신을 알라" 라고 설파하고 편안함, 안전, 지식, 유명세에 대한 욕망을 떨쳐버릴 것을 권장했다. 이런 점에서 볼 때 금욕과 극기를 바탕으로 자연에 순종하는 현자의 생활을 권장하는 스토아학파의 주장을 계승하고 있다.9)

Ⅲ-2. 존재론

앞서 언급한 형이상학(실체론)은 이 두 가지인 인식과 존재를 초월한 절대적 존재론이라 할 수 있다. 主와 客이라는 이원성에 전제를 두고 있지 아니한다. 사물은 상대적인 것이며 생멸(生滅)하기에 진정으로 존재하는 것이 아니라고 파악한다. 절대적 존재의 입장은 관찰자도 그렇다고 대상과의 분리가 통하지 않는

불생불멸의 그 자체로 '남아 있음' 과 관련된다.

　존재론은 한마디로 존재에 대한 가치판단의 논의이다. 실체에 대한 물음을 던져 존재의 이유와 존재의 목적을 탐구한다. 플라톤 역시 물질의 궁극적인 실체와 그 실체의 인식관계에 대한 논의를 이데아를 통하여 얘기하였다. 존재론은 세상을 대상으로 다루는데 있어서 두 가지 존재방식, 즉 물질과 정신으로 보며 존재론의 관점은 상대 자체의 모습을 의미한다. 바라보는 자의 상대적 모습이 아닌 대상 자체의 속 모습을 말하는 것이며 어떻게 비물질적인 정신이 물질에 작용을 일으키는가를 궁극적으로 알려고 한다. 물질이 무엇이고 물질을 이루는 실체는 무엇이며 정신은 어떤 형식으로 존재하며 이를 구성하는 요소와 양자(兩者)에는 무슨 상호관련이 있는가에 대한 물음인 것이다.

　같은 상황에서 인식론적 관점이란 자아의 눈에 투사되는 관찰자가 창조한 모습이다. 우리는 무의식적으로 일방적으로 보고 싶은 대로 사물을 바라보는 경향이 있기 때문이다. 인식은 보는 그대로의 모습이라 할 것이다. 스코보로다의 자연과 태초 그리고 세상에 대한 인식은 바로 이런 자아인식에 기인한다. 방랑과 함께 내놓은 습작 역시 자신의 물음에서부터 출발하고 있다. 세상에 대한 문제, 존재에 대한 문제의 중심에는 언제나 '자아' 에 대한 물음이 자리하게 되는데 이런 연유로 그를 18세기의 소크라테스라고 부르는 연유이다.[10]

　그의 철학은 인식과 존재, 인류학적 결합이 엿보인다. 모든 의문과 세상에 대한 해법을 무엇보다도 인간에서 찾고 있다. 삶 속에서 신은 발견되고 나아가 신은 창조되며 어떤 의미에서 인간과 신을 하나로 파악하고 있다. 신에 대한 인지는 자아인식을 통하여 실현되며 만인에게 '열려있는 창' 과도 같은 인식의 통로라는 것이다. 따라서 자아인식은 신앙에 있어서 필수요소이자 신에 대한 인식으로 정의되는데 여기서 인류학은 존재론에서 나아가 신학과의 수렴이 모색되는 것이다.

　종교적 입장에서 이런 주장은 어찌 보면 자아인식을 신격화한다거나 신성모독이라는 비판을 낳을 수도 있다. 하지만 존재와 인식, 종교적 결합에 대한 강조에서 파생되는 특징적 주장이며 그만큼 스코보로다는 인류학을 보편적 중심과학이자 학문의 발원으로서 중히 여기고 있음을 재차 발견하게 된다. 스코보로다는 대상으로 다루는 세상에 대한 독특한 견해를 가지고 있으며 이에 대한 고찰은 세상이 존재하는 상황에 대한 그의 각별한 이해를 도모한다. 그런 철학적 견해를 다이어그램화 하면 다음과 같다.

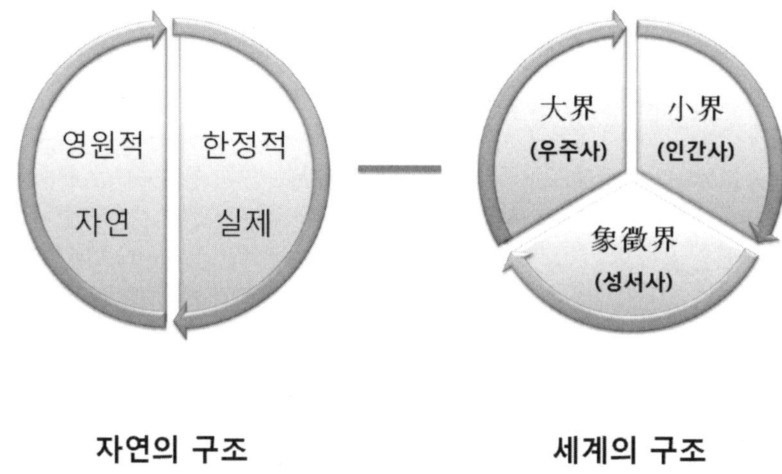

스코보로다 철학의 해답은 해석의 방법에 있다. 또한 상징적인 수법으로 인하여 그의 인식론과 존재론은 특별해지며 세계와 도덕에 대한 이원론적 전개를 유발시킨다. 상징적 해설에서 스스로의 종교관 내지는 성서에 대한 나름대로의 깨달음을 엿볼 수 있으며 성서는 철학적 이미지와 상징성의 보고(寶庫)이다.

스코보로다의 체계는 정해진 기준이기보다는 수용자의 평가에 의존한다. 2개의 근원에서 3개의 세상으로 변환은 존재론상 일원론, 이원론 혹은 삼원론으로 파악하여 해석할 수 있다.11) 왜냐하면 이는 서로의 각 분야가 통합, 혼합, 분열의 과정을 겪어 순차적으로 어떻게 진행되었는지를 명료하게 보이지 않고 있으며 일정 부분 정확한 신조가 부재하고 있는 현상에도 기인하고 있기 때문이다.

Ⅲ-3. 윤리학

우리가 여기서 논의할 윤리학 즉 윤리(倫理)의 궁극적 핵심은 인간은 어떻게 살고 행동해야 하는가? 어떻게 행동하는 것이 올바르며 가치 있는 것인가? 왜 그렇게 살아야 하는가? 에 대한 질문이다. 아리스토텔레스 역시 플라톤과 마찬가지로 이러한 실천적 윤리의 특성을 전통적 덕목에 따른 삶에 대한 중시에서 부터 그 길을 찾고 있다. 구체적으로 먼저 인간의 본성적 측면을 끌어들이고 있다. 인간행위의 궁극적 목적을 '행복' 이라고 보고 있는데 단순한 심리적 상태보다는 객관적 상태로서 지성, 명예, 쾌락, 미덕 등의 최종적 목적의 행복을 의미한다. 이러한 행복에 도달하기 위해서는 이성에 따라 행위해야 하는데 이를 '인간적 기능' 으로 피악한다.

스코보로다의 도덕은 무엇보다도 신비적 경향을 띤다. 현실이라는 표면적 외적 공간에서 심오한 영적 내적 공간으로 이동해가는 인식론적 이원론에 바탕을 두며 이는 형이상학과 신학과도 연결된다. 인간의 마음 기저에 성스러운 샘터가 자리한다고 보았으며 이 구심력을 기점으로 인간의 의지와 지식을 다시 원점으로 되돌리고 명료하고 논리적 지능보다도 초월적 힘을 발휘한다고 주장했다.

그의 철학의 목적은 실제적이며 실용적 색채가 다분하다. 그의 윤리관은 행복에 도달하는 방법을 제시하고 있기 때문이다. 여기서 중심적인 질문은 행복은 무엇이며 그 행복이 어떻게 얻어지느냐의 것이다. 아리스토텔레스와 유사하게 그에게 행복이란 모든 이가 얻을 수 있는 평화, 유쾌 그리고 자신감의 내적 상태를 말한다. 이런 상태에 도달하기 위해 세상에 대한 이해, 자아실현 그리고 삶의 적절한 방식이 필수적인데 스코보로다는 도덕주의에 입각하여 접근한다.

여기서 이미 언급한 형이상학에 대한 그의 교리로부터 실용적인 삶을 위한 근본적 결론에 도달하고 있다. '영혼의 화평' 이 우리 모두의 목표이며 요람인데 영혼이란 곧 마음이며 사고이자 오성이라는 것이다. 인간에게 보이는 것과 보이지 않는 것, 신체적인 것과 신적인 것, 몸과 영혼, 이 두 가지 본성이 갈등하는 것에 반대한다. 참된 행복은 따라서 지상의 본성이 영혼의 신적인 섬광과 조화를 이루는 곳에서 있다고 설파했다.[12]

자연은 선하기 때문에 행복이란 어느 곳, 어느 때든, 모든 생명체들에게 보편적으로 가능한 것이다. 불행의 본질적인 출발은 갖가지 욕망을 채우려는 데에 있다고 본다. 행복의 신비는 모든 걸 받아드리는 데에 있으며 모든 것들이 신의 의지에 따르고 있기 때문이다. 사물에 대한 신의 질서를 받아들임으로써 마음의 평화를 얻을 수 있고 이는 곧 신과 자연과의 조화를 의미한다. 이런 법칙은 행복을 배가시킨다.

세계는 신에 의해 준비되고 구성되어졌으므로 필수적인 것은 얻기 쉬우며 얻기 어려운 것은 필수적이지 않다. 삶에 필수적이며 모든 이가 이용 가능한 물건들만 우리는 필요로 한다. 따라서 만인에게 행복의 조건은 구비되어진 것이다. 또 이러한 전제가 마음의 평화를 가져다 준다. 그러나 물질적 보장에 대한 불안을 떨치는 것이 행복에 부합하다는 것은 적절치 않다. 본성에 의해서 실제로 인간은 적절한 임무나 신에 의해 부여된 직업을 가짐으로써 자신들을 실현하는 것이다. 외부적 보상과 무관하게 개인의 소임을 추구하는 것이 곧 행복인 것이기 때문이다. 반면 적합지 않은 일로 부나 명예 혹은 기쁨을 쫓는 일은 절망에 빠지는 것이다. 게다가 직업들은 조화로운 사회적 질서를 보장하기 위한 방식으로 신에 의해 분배되었으므로 적당하지 않은 임무는 사회적 불일치와 타인의 불행을 조장하는 것이다.

바로 소명(召命)의식에 대한 교리는 스코보로다 윤리체계의 중요교리이다.[13] 형이상학적으로 설득력이 있지 않지만 그것은 인간의 창조적 속성의 가능성에 대한 신념과 모든 이들에게 삶에서 자아실현이라는 가능성을 표출시킨다. 이는 고대 철학의 기본적 요소를 선택하고 교부 전통을 따르면서도 성경을 비유적으로 대하고 있다. 성경의 문학적 의미 즉 의인화된 신과 기적들을 외부적으로 파악하고 맹신하지 않으며 내적이며 상징적 의미에 대해서 고대 철학가들과 견해를 공유한다. 이런 방식으로 그는 세속적 가르침과 기독교적 믿음을 결합하고 있는 것이다.

IV. 결어

우크라이나에서 스코보로다가 철학자인가? 아니면 시인 그리고 동시에 작가인가? 라는 질문은 커다란 쟁점 사항이 되지 못한다. 우크라이나의 문화재생이라는 측면에서 그는 논의의 중심에 서있으며 더욱 주목받고 있을 뿐이다. 왜냐하면 우크라이나 근대문학의 태동기를 열었던 코트라레프스키를 비롯하여 크비트카 오스노비아넨코, 셰프첸코(Т. Шевченко), 쿨리쉬(М. Куліш)등에게 영감을 주었고 20세기 우크라이나의 시인들에게 사상, 도덕관, 시적 스타일 면에서 지대한 영향을 미쳤기 때문이다.

반면에 소비에트 출신을 비롯하여 해외의 학자들은 스코보로다의 철학적 관점에 보다 많은 관심을 기울이며 그의 사상을 다양한 방식으로 해석하고 있다. 사상적으로 다방면에 걸친 절충사고를 특징적으로 지목하기도 하고 동시에 엄격한 이성주의자적 시스템을 겸비하고 있다고 평가하기도 한다. 그리스도교에 바탕을 둔 종교적 신비주의를 우선적으로 강조하는 이도 있지만 교부적 전통을 계승한 플라토니즘적 요소의 이면에 선과 덕성을 강조한 도덕철학의 큰 갈래를 조명하기도 한다.

어찌 보면 스코보로다를 향한 과거 논쟁의 초점도 위와 같은 여러 가지 다른 시각차로 부터 그 불씨가 점화되는지도 모른다. 일원론인가? 아니면 이원론인가? 혹은 이상주의인가? 아니면 유물론인가? 라는 질문도 같은 맥락에서 접근할 수 있다.

하지만 스코보로다의 가치는 무엇보다도 철학적 목적에서 찾을 수 있다. 그는 인간이 행복하기 위한 방법을 제시하고 있다 라는 점이다. 그의 철학, 인식, 인류학적 가르침은 오직 도덕적 원칙이라는 기초 교육에서 발전된다. 스코보로다의 행복은 한낱 고통의 부재나 내면의 평화 뿐만 아니라 즐거움, 흥겨움이며 자신이 만사에 진실로 만족하는 것에 있다고 말한다. 행복을 얻기 위해서 전제 조건을 제시하고 있는데 이는 우선 믿음이라는 확신에 기초를 둔다. 신의 질서로 이뤄진 모든 창조물들은 행복을 누릴 이치에 합당하여 따라서 이를 어떤 형태로든 실행되게 한다 라는 신념에서 출발한다.

다른 조건으로는 행복을 위해서 재능, 천부적인 능력을 인생에서 쫓는 일이다. 그렇지 않은 노동은 고통을 수반하게 되지만 스스로가 선호하는 일은 자연히 즐거움을 가져다줄 뿐만 아니라 거기에 성취의 기쁨까지 동반하게 된다. 부와 명예적 보상과는 상관없이 마음에 드는 일이 사회적 역할과도 일치하며 가장 합당하다 라는 주장이다. 잠재력을 채우는 작업, 이는 사회적 기능을 조화롭게 작동시키는데 제 몫을 다하는 것이다.

이런 면에서 우크라이나 스코보로다의 철학의 요지는 후세 독일의 저명한 사회학자 막스 베버(Max Weber, 1864-1920)가 주장한 '소명'(Beruf)의식 이라는 관점과도 어느 정도 일맥상통하는 점이 있다. 문화비평가 П. 쉬쿠리노브(Шкуринов)의 말대로 스코보로다를 지칭하는 '러시아 제 1의 철학가', 소비에트를 대표하는 '국가 사상가' 라는 수식어 외에도 그는 시대를 거슬러 세기를 앞서간 철학자요 사상적 선각자임이 여기서 드러난다.

〈요약문〉

　　스코보로다는 우크라이나 출신으로서 키에프에서 수도자 과정을 마쳤지만 서구 문물을 접한 뒤 계몽사상을 전파하고 철학자이자 시인으로 활동했던 전설적 지식인이다. 18세기 소크라테스라고 불리웠던 그는 물질과 정신을 하나로 묶는 범신론적 접근을 보이면서도 자연의 합법칙성을 인정한 뒤 이성을 존중하고 유물론적 경향을 보이기도 하였다.

　　사유의 요지로는 근원적 자연에 대하여 존재론적 이원론의 입장을 취했으며 다시 세상을 크게 세 개의 범주인 대우주(자연), 소우주(인간) 그리고 상징권(성서)으로 분류하는 독창적인 정의를 내리고 있다. 종교적으로는 강직한 신념을 가지면서도 가치관에 있어서 기존 행태를 신랄히 비판하였다. 또한 사회적으로 사랑과 덕성에 입각하여 도덕적 힘에 의해 변혁을 모색했던 유토피아적(空想的)자세를 취했다.

　　스코보로다 연구의 가시적 특징은 학문의 영역과 한계를 넘나드는 장르적 초월성을 먼저 지적할 수 있다. 그의 필력에는 고전과 교회어가 빈번히 구사되며 문학적 스타일이 언제나 고수되어진다. 철학적 개념과 명제, 논리적 시스템을 내세우는 대신에 추상, 상징, 은유가 빈번한데 따라서 그의 철학에는 논리적 인식의 측면과 더불어 내적이고 직감적이며 신비적 성향을 보이고 있다.

　　이외 특징으로는 스코보로다 학설의 주요 관점들이 상호보완적이며 동시에 의존적인 관계에 놓여있다 라는 점이다. 혹자는 이를 두고서 사상의 구조와 체계에 대한 불확정성, 이중성에 대한 비판을 가하기도 하지만 이에 앞서 이론 전개의 일부이자 독특한 서술양식에 대한 전제를 감안한다면 오히려 학설의 도출과정을 입증하며 결과가 양산되기까지 그 치밀성을 계측케 하는 척도일 것이다.

모더니즘 미학과 우크라이나 문학 (1905-1914)

"몰로다 무자"(Молода муза)를 중심으로

I. 도입

모더니즘이란 라틴어 '모데르누스' 라는 의미소에서 유래하여 "가장 최근의", "현대적인 "이란 뜻을 지닌다. 하지만 이는 이미 중세기 전후부터 유럽에서 당대 철학-미학 체계상 객관적인 변화를 일컫는 용어였다. 그러니까 어찌보면 모던은 중세이후 줄 곧 존재해 온 셈이다. 중세의 모던은 고대와 구별되는 기독교적인 양식이며 르네상스기에 와서 기독교는 전통으로 간주되고 이른바 계몽과 합리성에 그 자리를 점차 내주고 만다. 낭만주의시기 모던은 오히려 전통에 대한 부정이 아닌 전통의 부활과 관련이 있다. 다시금 중세의 환상, 종교, 상상력 등 오히려 반계몽적인 성격이 강조되었기 때문이다.[1]

이렇듯 모더니즘이라는 규정은 다양하다. 일반적으로 현대문학의 주류적 사조로 모더니즘은 일반적으로 19세기 말엽의 심미적 혁신운동을 "모데르니스모"라는 용어로 명명하고 프랑스에서 유행한 상징주의를 비롯하여 이후 근대적 여러 경향들을 진정한 의미의 모더니즘이라도 파악하고 있으며 그 전성기를 1905년으로 간주한다.[2]

20세기 전환기 서구문학의 상황은 매우 복잡한 양상을 띠는데 여러 개별 사조가 한꺼번에 밀어닥치는 사조 공존의 현상, 양식의 다원주의적 상황과 마주치기 때문이다. 여타 예술분야도 마찬가지여서 인상주의의 흐름까지는 비교적 시기별로 구분하여 주된 경향을 이즘으로 파악할 수 있겠으나 20세기 이후의 미술은 이즘적 시대구분은 쉽지 않게 된다. 이는 세기가 종말을 고하고 새 시대의 막이 열리는 역사적 대변환 시점에서 문학 및 예술사적 변천 역시 그 어느 때보다 심하게 변화했기 때문이다. 그렇다고 모더니즘이 20세기 전반부 크게 유행한 것은 사실이지만 단일한 방법론이나 확실한 방향성을 가지고 시작한 예술운동이 아니기 때문에 당시 작품 모두가 한결같이 범주화되지도 않았다.

그러나 이러한 전환기문학의 다양성을 하나로 통일되게 묶어내는 공통요인은 바로 미적 현대성이다. 현대성은 2가지 즉 역사-현실적 모더니티와 미적 모더니티로 분석될 수 있는데 과학과 기술의 진보, 산업혁명 그리고 자본주의 등의 현실모더니티와 현실 속 사회적이고 경제적 병폐에 대한 부정과 반동으로 기인한 것이 미적 모던이다.[3] 미적 모더니티의 한 발현태가 되는 모더니즘은 하이젠베르크가 주장한 불확실성의 원리로 일어난 예술이며 마르크스, 프로이드, 다윈

에 의해 변화되고 재해석된 세계를 반영한다는 주장이다.4)

미셸 데코댕이 말한 모더니티는 예술가가 자신의 시대와 전통과 맺는 관계, 전통과 아방가르드사이의 중간형태를 가리킨다.5) 모더니즘 작가들은 어디까지나 개혁적인 구상을 기초로 작품에 임했으므로 20세기 예술을 실험과 혁신만으로 파악하는 것은 단순 논리에 지나지 않으며 모더니즘을 구시대 예술과 구분 짓고 시기 전체를 설명 가능한 지속적인 요소로 바라보는 시각이다.

한편 이합 집산적 특징을 가진 모더니즘이 계보상으로 고전주의를 계승하는가? 아니면 낭만주의적 논리의 연장인가? 라는 물음에 양면성을 보인다.6) 모더니즘이 종종 주지주의(主知主義)로 대체될 때 이는 고전주의 맥락에 한층 가깝다. 반면에 주관성과 자의식을 강조한다라는 면에서는 낭만주의와 공통 분모를 형성하지만 모더니즘이 감정의 자발적 창조성에 충실하여 작가의 표현을 치중하기보다는 예술의 심미적 자율성이나 자기목적성에 기초를 둔 몰개성적 작품에 오히려 집중하려는 특성이 있다.

한편 모더니즘은 다원적이고 상대적 관점을 견지한다. 삶을 객관적이고 확고 불변한 것으로 간주하기보다 어디까지나 주관적이며 상대적인 것으로 보려한다. 19세기 리얼리즘문학이 내세웠던 문학의 사회적 기능, 윤리적 태도 그리고 도덕적 비전을 거부하고 예술을 위한 예술, 유미주의적 입장을 모더니즘은 견지한다.7)

철학과 미학, 문학작품들에서 변화된 세계관과 예술적 스타일은 이미 다방면의 학자와 이론가 그리고 예술가에 의해 널리 소개되어왔다. 최근의 포스트모더니즘 역시 모더니즘의 재 사고와 관련성이 깊으며 현대 사회와 문화를 이해하는 중요한 개념으로서 모더니즘은 유용하다. 서구와 마찬가지로 우크라이나의 모더니즘 역시 세기 전환기의 문학과 문화 그리고 예술 분야에서 빼놓을 수 없는 영역이다. 우크라이나의 사회적 특성상 민족주의가 강조되는 상황에서 전통의 거부, 장르와 스타일의 붕괴, 표준의 상실 등 개인의 창작의지를 앞세운 예술철학은 상충될 우려가 있었으나 오히려 공존하는 형태로 나아갔다.

우크라이나의 이러한 모더니즘 연구는 우선 가치-이데올로기적인 접근을 보이고 있다. 먼저 쿨리코바(I. Куликова), 몬자훈(С. Монжягун),렙축(Л. Левчук)등이 선행 연구자로 거론할 수 있다.8) 모더니즘의 이론적 문제와 좀 더 본질적 미학탐구를 수행한 학자로는 훈도로바(Т. Гундорова), 파블리츠코(С.

Павличко), 모클리차(М. Моклиця), 폴리쉬축(Я. Поліщук)을 꼽을 수 있겠다. 주로 문학 분야와 연관되어 있으며 우크라이나에서 본격적으로 연구 업적을 낳았던 첫 번째 세대로 볼 수 있다. 이외 철학적 과제 특히 미술비평 영역에는 부드즈 (В. Будз), 마카렌코(Г. Макаренко), 라쉬케비츠(П. Ляшкевич), 스크린닉-미스카(Д. Скринник-Миська), 무드락(М. Мудрак)등의 학자가 있다.

II. 우크라이나 모더니즘의 형성

우크라이나문학과 예술에서 현대(сучасний)와 모던(модерний)의 차이는 미묘한 양상을 띤다. 특히 대전이후 전자는 사회주의 리얼리즘에 입각한 동시대 프롤레타리아문예인 것에 반하여 후자는 서구 자본주의적 양상을 띤 동시대 '퇴폐적' 부르주아문예를 일반적으로 지칭한다.

물론 이는 보는 관점에 따라 달리 해석된다.9) 서구의 모더니즘은 근대화와 자본주의 등 부르주아식 근대적 병폐성을 드러낸 시기에 저항성을 지닌 근대적 양식으로 나타난 것으로 파악되기 때문이다. 리얼리즘도 이러한 모순에 저항하는 방향으로 나아갔고 변혁의 전망을 지닌 사회주의 리얼리즘도 자본주의를 비판하였다. 양자가 미학적 방법으로 이성과 진보를 신뢰했다는 면에서 부르주아적 근대성에 근거한 근대문학이라면 모더니즘은 상대적으로 그런 근대주의 자체에 저항하며 다른 방법으로 접근했던 또 다른 형태의 근대주의라 하겠다.

II-1. 모더니즘 세계관의 기초- 비 고전주의철학

문학, 음악, 미술 등 예술상에 모더니즘이라는 경향이 비교적 짧은 시간 내에 새로운 미적 의식으로 구체화되기까지 유럽 사회는 몇 가지 증상들에 노출되어 있었다. 철학과 문화의 위기와 더불어 당시 세상을 적절하게 표현할 새로운 대변자를 모색하기에 이른 것이다. 이제 사실주의와 동종의 실증주의를 가지고는 그 가능성은 제한적이었다.

무엇보다 모더니즘은 기성 전통이나 인습에서 벗어나려는 시도로부터 출발한다. 가장 대표적인 반발의 대상은 19세기 유럽을 풍미한 리얼리즘이었다. 플라톤이나 아리스토의 모방설을 이론 배경에 두고 우주나 자연, 삶의 실재를 모방하거나 재현을 예술의 지상목표로 삼았다. 하지만 이제 사회적인 테마는 뒷전으로 밀렸고 있는 방식 그대로 삶을 기술하려는 리얼리즘의 황금법칙이 거부되었다. 텍스트와 작품 모두에서 이러한 주관주의적 경향이 새 예술미학의 기초가 되었다.

모더니즘의 예술철학은 19세기 창작의 기본 방법이었던 사실주의처럼 단편적이지 않다. 거기에는 몇 가지 다양한 철학적 시스템이 구성되었기 때문이다. 모더니즘 세계관의 기초는 무엇보다도 비고전주의 철학의 이해와 깊은 관련이 있다. 일반적으로 세계관의 기준을 무엇으로 삼는가? 그리고 또 어떤 수단으로써 철학시켰는가? 라고 하는 점에서 철학은 크게 2가지 '고전주의'와 '비고전주의' 로 살펴볼 수 있다.

헤겔과 데카르트로 대표되는 고전주의 철학자들은 연역적 인식체계의 실재를 마련한 이후에 인간과 세계 구조의 유추를 시도했다. 고전주의는 무엇보다 인식 방법론상 범 논리성을 확신하는데 이성적 창을 통하여 세상을 보편주의라고 하는 커다란 틀 속에서 바라보고 인류의 진보와 더불어 과학 기술의 발전을 낙관하게 된다. 이전 고전주의 예술-미학체계는 데카르트의 이성주의철학의 영향하에 형성되었고 칸트, 셸링, 헤겔의 독일 고전철학과 미학은 이성주의철학을 널리 미학적 독트린으로 변형했다.

반면에 비고전주의 내적 시스템은 위와는 기본적으로 대조를 이룬다. 인식체계와 그 형성의 상대성을 인지한다. 먼저 가치판단에 있어서 통일된 척도의 부재, 불가지론(不可知論), 지식과 정보의 단편성 등 이의를 제기하였고 세상에 대한 비관주의적 견해를 가졌다. 인식의 직관성 및 개성 존중에 입각한 존재의 분석을 강조하는 동시에 반이성적 현상에 대한 관심을 기울이게 되었다.[10]

이성적 생각과 인식에 대한 비중을 두고 그 우선권을 강조한 고전주의는 일방적 규범체계로서 예술적 상상이나 사적인 창작의 자유가 제한되었다. 이성주의적-실증주의적 철학은 방법론적인 위기에 직면하게 되고 쇼펜하우어, 키에르케고르, 니체의 주장대로 기존 세계해석에 대한 개념은 달랐다. 이런 사상은 조화와 균형, 단정한 형식미, 명석 등을 추구하는 과학적이고, 미학적이며 사회적인 우선권으로부터 물러서 있게 된다.

19세기 중엽이후 서구의 문화와 예술계는 비고전주의 철학이 담고 있는 유사한 방향으로 합치되어 갔다. 철학의 고전주의 혹은 고전주의 철학이라 불렸던 관념론의 철학이나 실재론의 철학은 반이성주의 철학이 강조하는 삶의 구체적인 문제나 실존의 불안이나 공포에 대한 문제를 소홀히 한 점이 있었다. 반 이성주의철학은 철학의 논리와 이성을 거부하고 관념의 한계를 설정한 칸트의 철학을 쇼펜하우어는 시적 감성과 상상력을 통해 극복하고 있는 것이다.

이제 예술창작의 실제와 이론상 고전주의이나 낭만주의와는 다르게 내적 전체로 통합되며 보편화된 미학적 인식의 틀 안에 있기를 거부하였다. 직관적 인식이라는 새로운 가능성을 마련하였고 예술적 개념은 개방적이었으며 특히 주관적으로 흐르는 분위기였다.

게다가 '표상(表象)의 세계' 라는 쇼펜하우어(Arthur Schopenhauer)식 존재에 대한 새로운 접근이 이러한 분위기에 촉매적 역할을 하였다. 비록 가시적이지 않아 다소 오묘하게 들릴 수도 있겠지만 "세계는 의지와 표상이다" 라는 쇼펜하우어의 주장은 현실, 즉 자연, 인간사회, 문명은 보이지 않는 세계로서 인간의 의식에 이르기까지 다만 표상11)이라는 도움만으로 감지할 수 있을 뿐, 우리의 상상 안에서 환상으로만 존재하는 것으로 여겼다. 사물 그 자체가 근원적 의지이고 이것은 무의식적 혹은 본능적인 이데아를 매개로 전달되는데 이는 물(物)자체, 이미 원적의지가 시간과 공간인 개체화이후로 한정시키고 큰 관심을 기울이지 않았다.

이제는 상상외에 더 이상 아무것도 존재하지 않는다가 아니라 세상을 헤아리는 주체만큼이나 표상들이 존재함을 의미한다. 이러한 추세에 발맞추어 작가들은 주관적 인식에 의해서 구성된 표상을 자유로이 활용하여 고무되었으며 예술적으로 모델화시키는 새로운 경험을 맞게 되었다.12)

유럽의 문학이 모더니즘으로 방향을 잡아가게 된 애초의 계기는 일찍이 에드가 포(Edgar Allan, Poe 1809-1849)13) 로 거슬러 올라간다. 사실상 그는 시예술을 과학적으로 실험했던 선구자로 간주된다. 양자로 자란 그가 영국에서 교육을 마치고 미국으로 돌아와 집필한 작품들과 이론서, 준 논문 형식의 해설서 등은 새로운 문학의 토대가 되었다.14) 그는 먼저 심미적 텍스트를 통하여 독자의 반응과 지각력을 이끌어낼 것을 주문했으며 시어의 활용 등 예술적 수단만이 아니라 적절한 테마를 선택하여 미학적 효과를 극대화할 것을 제안하였다.

생애 말의 저작 '시의 원리' 에서 "시는 미의 운율적 창조다" 라고 애기한 포의 이론과 창작상의 원칙은 유럽에 산문시가 탄생하는데 기여한다. 포의 갈 까마귀에서 비춰지듯이 반이성적인 비관주의라고 하는 '모던적' 세계관은 쇼펜하우어의 철학에서부터 탄생한다. 이는 자연에서 시작해 모든 인간적인 것까지 이르게 되는 필연적인 외부적 인과결정론과 관계가 있다. 인간의 삶과 마찬가지로 기본적인 세계질서와 모든 역사적 현상에는 보이지 않는 근원적 의지가 자리한다고 확신했다.

가장 먼저 그의 영향을 받은 샤를 보들레르와 폴 발레리, 아르튜르 렝보, 폴 베를렌 등 여타 프랑스 시인들은 오늘날 비고전주의 미학의 대부로 거론되는 쇼펜하우어, 케에르케고르, 니체 사상이 근본으로 하는 선행조건들을 역시 충족시키며 이를 예술화시켰다. "비고전적" 이라는 표현 자체가 당시 사상가들에게는 기존 철학에서 파생되어 나름대로 창안되어진 상사물로 여겨졌으며 익숙하지 않은 용어였다.15)

II-2. 우크라이나 모더니즘의 시작과 몰로다 무자((Молода муза)16)

쇼펜하우어가 포문을 연 새로운 인생관은 그간 인지하지 못했던 예술가들을 사로잡기에 이르렀고 데카당스와 상징주의의 기초가 되었다. 쇼펜하우어는 창작물을 카오스적 삶으로부터 벗어난 자유이며 진실의 인지이고 보편적 의지와 영원한 이데아를 직관적으로 감지할 수 있는 가장 적합한 형태라고 주장했다. 심지어 여기서 자유에 함축되어 있는 소박하게, 무의식적으로, 무관심이라는 뉘앙스는 모더니즘 미학의 기초적 개념이었다.17)

이러한 쇼펜하우어의 관점은 1907년 11월 18일자 O. 루츠키(Остап Луцький)가 잡지 "행위(Діло)"에 기고한 우크라이나 모더니즘의 첫 번째 선언에서 확실하게 엿볼 수 있다. 그는 먼저 비현실적인 세계, 보이지 않는 존재, 감춰진 세계, 의지 등을 예술적으로 승화시켜야 한다는 주장에 동의하였다. 쇼펜하우어식의 문자 그대로 보이는 세계, 의식 상태를 벗어나 명료하지 않은 상태가 예술가에게는 창작적 사고와 직관의 근원이라고 밝혔다.18)

또한 루츠키는 니체와 입센, 마에테를린츠크(Maeterlinck)의 영향으로 서유럽의 문학과 예술이 새로운 조류를 맞게 되었으며 코빌얀스카처럼 우크라이나 문학에도 "기대의 상실", "가치의 대변혁", "신비스런 영감의 세계"라고 하는 주제가 자주 목격되리라 전망했다.

> "기존 사상과 철학은 빠르게 유행하는 서유럽의 예술적 기류를 따라갈 수 없으며 전환기 현실과는 이미 동떨어져 있는 개념이다."[19]

비평가였던 루드니츠키(M. Рудницький)의 지적은 프랑코 창작에서 보여지는 문제적 징후와도 일맥상통한다. 우크라이나 사실주의 문학을 대표하며 그 누구도 침범할 수 없는 뛰어난 '석공'으로 각인되어 있는 프랑코였지만 최신 미학적 요소를 계발하는데 주저하지 않았으며 독특한 기법으로 가장 먼저 작품화한 작가였다. 당시 그는 사실주의 모델이 고갈되어 효율적이지 못하다는 점을 감지하고 이에 대한 극복 수단으로써 자연주의적이며 심리주의적인 요소를 찾기에 이르렀다 라는 점은 이러한 사실을 말해준다.[20]

먼저 이러한 조짐들은 1889년 발간을 시작한 월간 "문학과 과학저널"(Літературно-науковий Вісник)에서 드러나기 시작했다. 흐루쉐프스키(M. Грушевський), 프랑코(I. Франко), 흐나튝(B. Гнатюк)등 우크라이나를 대표하는 지도층 인사가 대거 참여했던 관계로 당시 정당에 버금가는 막강한 영향력을 행사하고 있었다. 초기 저널은 주로 인문학, 특히 문학과 관련한 번역과 비평들이 주를 이뤘다. 여기에 모파상(Guy de Maupassant), 하우프트만(Gerhart Hauptmann), 키플링(Joseph R. Kipling), 가브리엘 다눈지오(Gabriele D' Annunzio), 마테를링크(Comte M. Maeterlinck) 스트린드베르그(August Strindberg), 입센(Henry Ibsen), 쉬니츨러(Arthur Schnitzler), 베를렌느(Paul Verlaine)등과 같은 서유럽 문학의 소개에 상당한 지면을 할애하였다.

1890년대 크림스키(A. Кримський), 호트케비츠(Гн. Хоткевич), 스테파닉(B. Стефаник), 코츄빈스키(M. Коцюбинський), 코빌랸스카(O. Кобилянська)와 같은 젊은 작가들이 위 저널을 통하여 등단한다. 작품 속에서 삶에 대한 깊은 성찰, 예술에 대한 진지한 이해, 그리고 사회와 미래에 대한 신념 등이 주로 선보였다. 그들은 운율 구조를 비롯한 현대적 작시법은 언어적 정수를 가늠케

했고 산문에서 마치 시적 기교, 품격, 리듬, 다양성을 느낄 수 있었다. 젊은 작가들은 외부적 사건보다는 내부의 정신적 분투, 심리현상에 대한 새로운 고찰 등 당시 유럽에서 풍미하는 서구적 모델을 따랐다.

19세기말 현대미학을 추종했던 서구의 젊은 작가들은 자신들의 문학 동인을 구성하기에 이른다. 벨지움, 독일, 폴란드처럼 우크라이나에서 역시 같은 경향의 창작모임이 결성되기에 이른다. 최초 모더니스트 동인 "몰로다 무자"는 1906년 10월 7일 갈리치아 르비우에서 탄생하였다. 구성원으로는 페트로 카르만스키(П. Карманський), 바실 파초브스키(В. Пачовський), 미하일 야츠키우(М. Яцків), 보그단 렙키(Б. Лепкий), 오스탑 루츠키(О. Луцький), 스테판 차르네츠키(С. Чарнецький), 볼로디미르 비르착(В. Бірчак) 그리고 시디르 트베르도흘리브(С. Твердохліб) 등이 속해 있었다. 더군다나 스타니슬라브 류드케비츠(С. Людкевич), 미하일 파라시축(М. Паращук), 이반 세베린(I. Северин), 이반 코시닌(I. Косинин) 등은 위 작가들과 창작원칙과 뜻을 같이 했던 음악가들이자 화가들이다. 또한 특이할 만한 사실은 발기인들 중에 폴란드인들이 상당수 참여하여 다방면에서 문화 예술적 교섭이 이루어졌다는 사실이다. 부아디수와프 오르칸(Władysław Orkan), 유젭 엥들이츠(Józef Jędlicz) 화가 카지미에즈 치훌스키(Kazimierz Cichulski), 부오지미에즈 부오츠키(Włodzimierz Błocki), 유젭 보딘스키(Józef Bodyński) 조각가 지그문트 쿠르친스키(Zygmunt Kurczyński)등이 포진해 있었다.

> 여름까지 수차례 그만두려고 했다. 우리의 활동에는 한계가 있고 여의치 못하다는 걸 매번 알게 되었다. 하지만 결국 한 번도 시도해 보지 못한 힘든 노동을 겪은 끝에 문학출판사 "세상"은 나오게 되었다. 우리 의지와 자유대로 가져보지 못한 "세상"이 식자공의 두툼한 손마디에서 계속 남아있게 될 것이다. 우리의 토대는 무너지지 않고 지속될 것이다! 우리 "몰로다 무자"의 새로운 출판사가 이제 출범하였다. 젊은 작가들의 독창적인 작품만을 실은 문집은 시간의 제한 없이 출간될 것이다.[21]

"몰로다 무자" 스스로를 "무작"(музаками-молодомузівцями)이라 불렀던 그들은 동인이 조직된 후 우여곡절 끝에 우크라이나 첫번째 현대문학 잡지인 "세상"(Світ)을 발행하였다. 잡지는 상당기간 동안 지속되었으며 서구 예술과 문화의 변화를 소개하고 작가들이 새롭고 다양한 예술적 자취와 방법을 섭렵하고 견인하는데 부단한 노력을 다했다. 모더니스트의 창작은 초기부터 상징주의적 형태가 특징적으로 나타난다. 다방면의 장르에서 재능을 보였던 작가 미하일 야츠키브의 작품은 특히 이러한 미학과 시학을 정교하고 극명하게 담아내고 있다.

I. 프랑코 뿐만 아니라 당시의 중견작가 카르펜코- 카리(Карпенко-Карий)를 비롯하여 네츄이-레비츠키(Нечуй-Левицький), 무르니(Мурний)등도 이런 조류에 애초부터 동의하지는 않았다. 진실이란 분별이 있어야 하고 객관적이며 모든 이들에게 유용해야 한다는 지론이었다. 다양한 매체 (Киевская Старина, Живі Струни, Геральд)들에서 앞을 다투어 비판이 따랐지만 권위에 감히 도전할 상황도 아니었기에 무작들은 기성 문단의 반향에 크게 개의치 않았으며 활동을 수행해나갔다. 민중주의적 자세를 견지한 문학 비평가였던 에프레모프 (С. Єфремов)도 마찬가지였다.

"모호한 상징주의, 밑도 끝도 없는 신비주의, 사회문제와는 고립되고 무기력하며, 서구를 무분별하게 모방하고, 유행만을 추구하는, 개념을 상실한, 성을 미화시키는" 등을 지칭하는 부정적 어휘들은 올가 코블랸스카(О. Кобилянська), 흐나튝 호트케비츠(Гн. Хоткевич),나탈리아 코블랸스카(Н. Кобилянська), 미콜라 보로니 (М. Вороний)와 같은 대부분의 모더니스트들에게 붙여졌다. 그들의 예술적 창조는 차가운 이성보다 뜨거운 가슴의 불길에서 기인하고 있는데 무엇보다도 시는 시 그 이상이어야 한다 라는 혹독한 비판을 가했다.

하지만 이러한 반대는 모더니즘을 바라보는 안목의 한계를 드러낸다고도 지적할 수 있다. 알지 못하는 영역을 보지 못하는 것처럼 당시 서구 문학이 널리 보급되지 않은 상황에서 종래와 다른 여러 이질적인 요소들은 당연하게 괴리감을 불러일으킬 수밖에 없었을런지도 모른다.[22]

1909년 키에프에서 발간되어 상당한 독자를 확보했던 "우크라이나의 안식처(Українська Хата)"[23] 라는 잡지도 원래는 발행인이었던 스리블fis스키(Сріблянський), 보하츠키(Богацький) 그리고 주필 미콜라 예브산 (М. Євшан)의 영향에 따라 민족주의적 성향을 띄었다. 1914년 정간까지 그들이 문화적 엘리트주의와 정교한 민족주의를 추구한 탓에 일간지 "회의"(Рада)와의 경쟁 상대였고 주요 표적이기도 했다. 하지만 그들의 편집방향도 서서히 대세를 거스를 수는 없었다. 답습된 테마라던가 전래적 표현방식을 탈피하자라는 근본적인 동의가 있었고 이런 자구책 속에는 모더니스트들의 계획된 플랫포옴이라기 보다 자유와 평등 그리고 동포애라고 하는 숭고한 이상과 진보가 합치되는 곳으로 자신들의 사고를 전환하려 함이었다.[24]

모더니즘문학은 시간이 지남에 따라 점차 관조적 입장에서 재조명되어 갔다. 특히 비니첸코 (B. Винниченко)의 모던은 독자들의 관심과 흥미를 유발시키는 묘한 매력을 지닌 생명력 있는 문학으로 규정하는 등 진가에 대한 감상과 정당한 평가는 원래 위치를 잡게 되었다. 심지어 나중에는 예프레모프 자신이 테마의 쇄신문제를 거론하는 등 새 문화운동의 전개에 앞장섰다. 이반 프랑코도 유사한 관점에서 작가들을 논하기에 이르렀다.

> "젊은 작가들이 상처, 극렬함, 부도덕 앞에서 주저하지 않았다. 기꺼이 삶의 병적인 어두운 면들을 그려냈다. 미개한 집시, 유태인, 죄수, 우둔한 자들이 조명되었고 이들 인물들은 여기서 진부하지 않은 방법으로 묘사되었다."[25]

우크라이나 모더니즘 문학은 보들레르와 랭보[26](1854-1891)로 부터 가장 큰 영향을 받았다. 그들의 시가 형이상학적인 새로운 미의 인식, 고유의 은유기법을 보여준 것 같이 프랑코가 1908년 창작한 "무자들에게" 라는 소네트는 그러한 보들레르식 미학에 한걸음 다가서고 있다. 내용면에서 침울(沈鬱)과 이상(理想)과의 변증법적 전개를 진행시키고 시적 운율과 어휘의 구사 등 이 모두에서 종전과 색다르게 운용되고 있다.

> 다시금 넌 내게 소리친다, 나의 여신이여,
> ....
> 미와 추악의 세계로, 시퍼런 바다에서
> 줄지은 홍예복도(虹霓廊)에서, 숲속 으슥한 곳에서
> 열정의 혼돈으로, 뜨거운 불길로, 영멸하지 않고 타오르는
> 천계(天界)의 동요로 까지
>
> Знов кличеш ти мене моя богине,
> ....

> У світ краси й гидоти, в море синє,
>
> В аркади злуд, тайники лісів,
>
> В вир пристрастей, в огонь, що ввік не стине,
>
> I в заколот небесних поясів.

위와 같이 미학적 프로그램 상 여신을 불러들여 시적인 영감으로 삼았던 시들이 문학적 전통으로 간주되었다. 오랫동안 이전의 뮤즈는 사회적이며 공공 의무를 다해 거친 숨을 몰아쉬고 이를 창조한 시인은 마치 우리 사회의 보호자적 구실을 했다. 반면 지금의 뮤즈는 실제로 세계관의 개념에서나 특징적으로 반고전주의적인 것으로 "병약한 뮤즈", "희생된 뮤즈"는 거의 보들레르적 영감에서 볼 때 같은 혈육인 자매 정도에 해당된다고 볼 수 있다.

미콜라 보로니(Микола Вороний)가 편집장으로 있으면서 1903년부터 매년 선보인 발행물, "구름 위 계곡 저편"(Знад хмар із долин)은 우크라이나 근현대 문학의 흐름을 가늠하게 하는 길잡이와도 같았다. 모더니스트가 소개되는 동시에 전통적인 시와 소설을 앞세운 기성작가들과의 격론의 장이기도 했다. 여기서 보로니는 제안서형식의 서신을 작가들에게 띄운 바 있는데 자신만의 자연스러운 창작태도, 원칙들을 피력했다.

> " .... 작가로 살면서 끝없는 미와 신비함으로 우리를 유혹할 만한 작품이 탄생되길 열망했다. 약간의 철학이라도 담아, 비록 먼 쪽빛 하늘 어딘가에 조그마한 마침표라도 되었으면 하는 심정으로 말이다 "[27]

비고전적 미학은 병적상태를 뛰어넘은 존재론적 문제의 우위성을 강조했다. 널리 알려진 프랑코의 "시들어진 잎새" 나 "몰로다 무자" 역시도 찾아볼 수 있으며 그 중 존재적 불안감으로 가득찼던 카르만스키나 파초브스키의 작품에서 잘 드러난다.

금빛 슬픔

놀랐다는 것에 놀라시지 마시길, 친구여!
마지못해 웃고 있는 내 슬픔으로,
불행이 심장을 비록 흐리게 할지라도,

그곳 기쁨이 내 슬픔을 찬란하게 하리라.

거기 심원한 호수가 비친다,
호수아래 도시가 번득인다 −
수정으로 멋지게 올려지고는 잠들고 말았다,
마법에 걸려 헤어나지 못한 채로

　　Золотий Сум

Не дивуйтеся, друзі,− дивує
Вас мій все усміхнений сум,
Хоч смуток у серці царює,
Там радість золотить мій сум.
．．．．．．．．．．．．．．．．．．．．．．．．．
Там озеро світить бездонне,
Під озером місто блищить −
З кришталю збудоване, сонне,
Ціле зачароване спить[28]

　삶에서 파생된 존재론적 심리 현상 즉 불안한 의식상황, 슬픔, 공포 ,절망, 불안 등은 비고전적인 미학과 모더니즘문학에서 즐겨했던 예술적 모티브였다. 렙키의 '왈츠', 니체사상을 담은 파초프스키의 '매혹적인 연무', '비속에 쏟아지는 백열', 기괴하게 인간존재를 실존화시킨 야츠키브의 '군중 속 이방인', 그리고 우크라이나 민족의 상황을 상징적으로 그린 카르만스키의 '춤', 일상속의 여성상을 유형적으로 제시한 니차엔코(Роман Ничаєнко)의 '청춘남녀의 야회'가 그런 작품류에 속한다.

II−3. 예술상의 모더니즘

　아르히펜코 (O. Архипенко)의 "우리 세기의 시작" (Початок нашого століття)[29]라는 저서는 블레리오가 대륙을 비행하고 물리학에서 아인슈타인이 기존 개념을 깨고 상대성이론을 제시하고, 전쟁의 파고가 온 세상을 물결치고,

러시아가 주변국들에게 사회주의원칙을 이식하는 등 정치경제 그리고 사회문화의 전 영역의 새로운 국면, 혁명적인 변화들을 폭넓게 열거하고 있다.

신경향은 미술과 음악과 같은 공간과 시간예술의 다양한 분야에서도 감지되었다. 살펴본 바대로 19세기 상징주의 문학을 대표한 보들레르(Baudelaire)가 인상이나 감정을 구체적으로 묘사하기보다 암시 혹은 분위기를 불러내는 특징이 있듯이 미술에서도 이 같은 동일한 기법은 엿보여진다.

이성주의적 규범과 단절하고 직관적이고 자의식적인 기준을 문예미학상 창작방법론으로 삼았다. 세잔느, 마네, 모네, 드가, 르노와르 등에 절정을 이뤘던 인상주의 회화의 특징은 선명한 윤곽이나 정확한 형식을 피하고 그 대신 빛이나 색채효과를 유연성이 있는 구도에 의존하는 것이다. 파리에서 매년 개최되어온 현대미술전람회는 미술 전례상 고전적 혹은 반고전적인가를 규명하는 가늠자로 간주되어 왔는데 거기서 1905년 앙리 마티스(1869-1954)는 특정한 목적을 가지고 자신의 모더니즘적 상상력을 마음껏 드러냈다. 시각예술은 시대적 변화의 국면들을 날카롭게 반영하여 이미 20세기 모더니즘적인 다양하고 많은 테제와 기준들이 추상주의와 전위주의미학에서 눈부시게 드러났다.

1905년과 1910년 사이에 회화의 2대 혁명은 야수파와 입체파이다. 모더니즘에 생기를 불어 넣은 두 정점으로 야수파(1905)와 입체파((Cubism,1907)를 꼽는다. 이 유파들은 전통적인 투시법과 조소적 형태를 거부하였다. 색채위주의 강렬한 원색의 표현을 통해 감성-본능적이고 자유분방한 화면을 연출한다. 브라크와 피카소를 중심으로 형태의 본질을 객관적으로 파악하고자 대상의 참모습을 파악하기 위하여 대상과의 거리를 없애고 한 화면에 복수시점을 도입하면서 외과의사가 시체를 해부하듯이 직선의 면분할로 작업하기에 이른다. 큐비즘은 자연에 질서를 부여한다고 상상되는 비례적 수학법칙을 발견하려는 새로운 시도였다. 예술을 과학으로 바꾸어 놓든가 또는 적어도 하나의 자신들의 과학으로 창조하도록 요구했다.30)

우크라이나 회화에서 모더니즘의 시작은 이즈뎁스키(Іздебський)가 크고 작은 개인적 혹은 정기적 미술전람회에 출품했던 작품들을 원년으로 삼는다. 그의 작품이 선보이는 데 어려움이 많았다. 현실적으로 갈리치아학파를 위시한 보수적인 미술가집단에서 아방가르드와 모더니즘적 테제와 이데올로기는 채택되지 않았고 나머지 빈자리가 혁신적 미학으로 무장한 모더니스트들로 채워졌던 것

으로 비평가들은 회고한다.[31]

음악분야도 인상주의(impressionism)가 괄목할 만하다.[32] 이는 20세기 음악의 전조임이 틀림없을 것이다. 회화에서 기존 이미지가 상실되고 색채와 형태의 절대화가 이뤄진 것처럼, 문학에서 낱말이 음색이라고 하는 오묘한 빛깔을 갖게 된 것처럼, 음악에서도 화음, 멜로디, 대위 영역은 부정되고 무조음이 고유의 효과를 대체하게 된 것이다. 현대철학이 담고 있는 개념과 유사하지만 약간 다른 선상에서 실험주의 음악이 등장하였다. 기괴하고 부조리한 다다이즘, 무의식을 불가사의하고 환상적인 형태로 표현하는 초현실주의(surrealism), 표현주의(expressionism), 추상주의(abstractism), 미래주의(futurism)등 신사조들이 나타났다

과거에는 상상할 수 없었던 개념들이 미술의 소재가 되었듯이 음악에서도 음소재의 확장이 이뤄졌다. 작곡가들은 미분음의 세계, 반음보다 더 좁은 음정을 사용하는 세분화된 음정체계를 사용하였다, 시각예술이 움직임을 위하여 시각적 소재의 변혁을 역설했듯이 청각예술도 울리는 소리, 악음(Tone)만이 아니라 음파의 주기가 불규칙한 소음(noise)으로 까지 확대되어 1913년 미래파 작곡가 루쏠로 (Luigi Russolo)까지 포함해야 된다고 믿었다.

이제 반이성적인 원천으로 여겨졌던 묘선, 색깔, 소리, 낱말 따위가 이제 내부 의식을 적절하게 전달하게 해줄 수 있는 논리적이며 이성적인 체계로 변모한다. 콜라쥬, 조합적 몽타쥬, 협화음, 충동적이고 즉흥적인 동시 음향 등이 이러한 본질적 예술을 표현하는 수단으로 자리잡게 되었다.[33]

이는 영화적 기법과도 무관하지 않다. 특히 우크라이나계 시인이자 영화감독이었던 도브젠코(Олександр Довженко,1894-1956)[34]는 유럽 모더니즘예술의 추상적 형식에 영향을 받아 기술에 대한 신뢰, 고정된 사고와 의미를 제거하려고 노력하였다. 먼저 인물의 성격묘사, 시간의 흐름에 따른 사건의 플롯과 구성, 연대기적 서술, 전통적인 3인칭 전지화법과는 큰 차이를 보인다. 기존 문학적 사고나 관습적 이야기, 종래적 서사구조를 탈피하여 관객이 화면상에서 실제 삶의 한 장면을 보고 있다 라고 하는 기대를 무참히 무너뜨렸다. 그의 연출은 이미지의 단편을 새로이 합성하여 매체 자체의 가능성에 몰두하였다.

쇼펜하우어식의 큐비즘은 주관적 관념과 의지로 나아갔다.[35] 많은 사상가,

아도르노(Т. Адорно), 소로킨(П. Сорокін), 라진스키(Е. Разінський)등은 비고전적 철학과 모더니즘미학의 득세를 현대문명과 문화가치의 위기와 연계시킨다. 이성주의와 고전주의의 시기에는 이성을 통한 진정한 미학을 찾으려했다면 비고전주의와 이후의 시기에는 의식, 무의식, 잠재의식을 발견하고 이를 두드러지게 알리려고 하는 노력이 역력하다. 회화, 조각, 음악, 문학, 드라마, 건축 등에서 기념되었던 형식의 파괴가 이러한 위기의 증거이고 사실로 간주되었다. 이제 감각기관들은 새롭게 외부세계의 현상들을 접수하고 이를 자연스럽게 재현해냈다.

경험적이고 사실적인 이들의 테마는 사실적 풍경, 실제적 자화상. 현실 상황이었기 때문이다. 각 예술분야에서 위기는 분해, 대혼란, 기계화로 표출되었다. 게다가 상당부분 미학적 경향의 원시화로 흘러감에 따라 반이성적 사상으로 인도했다. 직접적으로 이와 관련하여 20세기 인간의 미학적 활동영역인 음악, 회화, 문학에서 반이성주의적인 압력이 가해졌다.

예를 들어 미술학파 다수의 화가들은 모습의 시각적인 지각에 의해서가 아니라 자신의 개념, 해석대로 표현하기에 이른다. 예술가들은 현재를 은유적으로 어둡고 비관적인 측면에서 그려냈다. 반이성화와 함께 병렬된 존재적 상황은 이제 유감스럽게도 공격적으로 발전하는 정보와 기술의 확대 속에서 끊임없이 모사되어 별다른 가치를 드러내지 않는 사회적 현상의 일부로 표출되고 있다.

Ⅲ. 결어

19세기 초 우크라이나문학은 민족정체성의 표현이었고 전 세기에 걸쳐 그 잔상은 남아있다. 이는 자르의 식민통치와 러시아화에 대한 방패막이기도 했다. 실질적인 정치세력이 부재한 시기에 작가들은 언어와 문화에 초점을 맞춰 민족정체성을 수호하는 역할을 수행하였다. 작가들은 독자와 밀착하기 위하여 익숙한 양식과 스타일을 고수하게 되었다.

반면 모더니스트들은 민족이라는 경계를 넘어 예술을 위한 예술의 가치를 응시하였다. 애초부터 모더니즘이 세기 전환기 정점에 위치한 민족주의를 비켜가려는 시도는 없었다. 비록 자신들의 동인이라는 집단을 선호했지만 "일반"을 포기하지 않으면서 양자는 각기 다른 방향에서 대체로 적대적이기 않고 공존했던 것이다.

우크라이나 모더니즘은 절제되어 있었다. 루츠키의 선언도 온화하고 적당했다. 초기 상징주의라는 표현이 적당하리만큼 새 이론을 과감하게 내밀지 못했고 현격한 스타일과 구조를 가진 경험들을 주저했다. 어찌 보면 사실 많은 모더니스트들은 완전히 사실주의라는 전통과 결별하지 못했다.

우크라이나문화에 뒤늦은 모더니즘의 수용과 반응은 예술 그 외적인 요소 특히 역사적인 환경에서 설명되어져야 하고 문학 역시도 사회적으로 어떠한 영향을 미쳐왔으며 기능해왔는가 라는 특수 상황이 먼저 고려되어야 할 것이다. 예술을 위한 예술을 전파했지만 한편으로 민족적 대의에 이바지하기를 원했다. 어떻게 보면 극단적 데카당스에 도달하기에 짐이 되었는지도 모른다. 모더니즘의 혁명적 수행에는 적잖은 스트레스가 뒤따랐다.

"몰로다 무자"는 1909년까지 공식적인 활동을 했고 1920-30년대에도 논의는 활발하게 진행되었다. 동쪽에서는 러시아 상징주의에 영향을 받게 되었고 서쪽 우크라이나에서는 크라쿠프, 프라하, 비엔나의 서유럽문화권에 의한 영향이 가속되던 현실에서 "몰로다 무자"의 중요성은 동과 서, 양 진영의 우크라이나 작가들이 폭넓게 참여하고 교류했던 사실이라는 점이다.

먼저 그들은 종래의 테마와 표현의 양식으로부터 벗어나보자 라는 필요성에 뜻을 모았으며 또한 무자는 이론적 시스템에서 서구의 현대 문학테제와 같은 뿌리를 가진 결속이자 유대였다. 1917년 -1920년 혁명 기간 중 모더니즘 프로그램은 각광받았고 스탈린주의가 착수되던 1930년까지 그 영향은 지속되었다. 러시아혁명과 스탈린주의의 개막은 오히려 우크라이나문학이 서구 모델로 심화되는 결정적인 작용을 하였다. 우크라이나문학의 유럽화는 가속되었다.

하지만 1960-1980년대 우크라이나 문학사에서 몰로다 무자의 의미가 서부 지역 문학-예술계의 에피소드로 가치가 축소되었던 적이 있었다. 여기 그들의 자취는 시간이 경과하면서 자신들의 문학적 규범이라 할 수 있는 공식적인 경계선이 무너지고 작품의 정체가 모호해져 갔다 라는 원인이 지적되기도 했다. 또 다른 이유로는 시대사적 문학의 추세가 가공의 상을 추구하기보다는 역사문학 계열로 옮겨감에 따라 자연스럽게 퇴색해 버린 탓도 있었다.[36)

하지만 평론가 미콜라 흐빌노비(Микола Хвильовий)의 평가는 다른 시각에서 접근하고 있다.

> 몰로다 무자는 이론적 형식을 정립하고 충분한 예술성을 갖춘 필연적인 단계였으며 민족부활과정에서 활력을 불어넣는데 큰 기여를 하였다. 바라보건대 르비프 상징주의자들의 활동도 당시 문학계의 침체를 극복하고 우크라이나문학의 고유 영역을 넓히는 바람직한 시도였다. 한때 비평이 제한받고 한계를 드러내던 시절에 몰로다 무자의 자산에 대한 편견과 객관적이기 못한 비판은 앞으로 다시 재정립 되어야 할 충분한 여지가 있다. 37)

모더니즘 동인 "몰로다 무자" 는 무엇보다도 서유럽문화의 새로운 이데아와 예술적 경향에 대한 독자적인 수용을 스스로의 임무로 인식했으며 또한 세계문학의 일원으로 동참하려는 의지를 보여줬다. 사상으로서 민중주의, 양식으로서 사실주의라는 틀에 머무르지 않고 문학에 새로운 전기를 마련한 생동감 있는 에너지로, 전통을 박차고 종래의 해석을 뛰어넘어 확장을 시도한 혁신자라는 사실은 자명할 것이다.

우크라이나문학은 이제 무작들을 통하여 더 나은 인류의 이상, 진보적 이데아를 추구하는 길목 그 어딘가에 모더니즘이라는 형태로 이미 도달해 있었던 것이다.

〈요약문〉

모더니즘이란 용어에는 새 예술 형식의 발생과 이전 미학적 전통에 대한 반발 그리고 고전적 가치의 부정, 이 모두를 포함하고 있다. 이는 구체적으로 실증주의 철학에 대한 위기의 결과이자 그 결말의 산물로서 쇼펜하우어, 키에르케고르, 니체, 베르그송 등이 이성주의철학이 담고 있는 세계관을 비판적으로 해석하면서 구체화되었다.

문학, 회화, 음악 등 유럽의 문학과 예술은 이를 기초로 한 새로운 경향들을 작품에 등장시켰다. 모더니스트들은 현실 묘사에 대한 필요성보다는 가공의 세계를 매개 삼아 미학적 실제를 창조하기에 이른 것이다. 따라서 이러한 초기 모더니즘 발생과 영향에 있어서 철학적 문제는 우선적으로 고찰되어야 한다. 여기에 우선 문예상 새로운 출발을 가속화시킨 미학의 원칙을 알아보고 우크라이나 모더니즘적 특징과 "몰로다 무자"의 역할을 아울러 살펴보았다.

우크라이나 미래주의의 이념과 미학

I. 도입

20세기 초 탄생한 미래주의는 아방가르드 운동의 신호탄이었다. 세기 전환기 전일적 세계관은 사라지며 이전 전체성과 조화성을 중시한 미학적 구심점도 지각 변동을 가져온 것이다. 종래적 세계상의 붕괴는 전면적 전쟁, 사회적 단절, 과학의 재발견 등과 관련이 있다.

19세기의 자연과학과 철학을 가지고 더 이상 다음 세기를 해석해내기에는 진부했다. 전 방위 인간생활에 걸친 새로운 비전에 사회는 반응하려는 태세였다. 예술도 현실을 반영하는 거울은 되지 못했다. 문예상 변화의 징후는 다양하게 감지되었다. 작가들도 이에 부응하여 그간의 안정된 테마는 물론 문학적 방법에서도 벗어나 문학적 가능성을 높여줄 활력 내지는 원초적 표현력을 찾아 나서기에 이른다. 특히 시문학은 변화무쌍한 파고를 예고했다.

눈으로 확인되는 현상 외 의식, 영혼 그리고 수면아래 잠재된 또 다른 세상에 대한 관심이 부상했다. 기존 가치의 상실과 더불어 삶의 변화 그리고 새로운 인생의 문제를 진단해내기 위한 새로운 예술형식과 언어가 자연히 필요하게 되었다.

미래주의의 태동은 1909년 이탈리아인 마리네트에 의해 밀라노가 아닌 파리 '르피가로' 에 선언문이 게재되며 전 세계로 확산되었다. '푸투리스모' 라는 단어가 시사하듯 미래주의자들이 상상하는 미래는 과거의 사회문화와 결별할 수 있는 역동성의 추구에서 비롯된다. 아방가르드의 키워드인 기계와 속도는 미래주의가 주장한 핵심 용어중의 하나이자 산업혁명이후 과학기술의 발전을 통해 이룩한 새 시대상을 보여주는 아이콘이었다.

전통을 드러내는 박물관, 도서관, 오페라극장, 전시관 등은 이제 아방가르드 정신과 조합할 수 없는 경멸의 대상이다. 현대사회의 본질이 운동과 생명력에 있다고 파악한 그들은 기계문명이 가져온 공업 환경, 현대도시의 운동성과 속도감을 새로운 미로써 표현하려 하였다.[1]

미래주의적 움직임에 사상적 영향을 미친 학자는 니체와 베르그송이었다.[2] 미래주의자들이 예술가를 영웅이라 간주하려는 경향은 니체의 초인사상과 일정 맥을 같이 하고 있다. 하지만 당대 한계와 타협을 벗어난 존재라고 하는 본질에 충실하기보다는 예언을 중심으로 한 초인적 존재상에 초점을 맞추었다.

베르그송는 시간과 의식의 역학관계를 경험적 지속으로 정의하려 했다. 근대

철학이 주체를 고정된 실체로 삼았던 데 반해 그는 시간의 흐름에 따라 의식도 변한다는 신선한 주장을 펼쳤다. 또한 직관을 통하여 얻어자는 사물의 내적 실체와 지적 교감을 절대지식으로 간주했는데 예술가란 직관성과 역동성에 바탕을 둔 의식의 흐름에 충실하면서 물질세계의 흐름과 그 흐름의 연속성을 표현하는 존재라고 주장하였다.

아방가르드 특히 미래주의의 미학은 예술의 특징과 형식의 혁신이 아니라 인간행위의 혁신적 가치체계를 세우는 것을 특징으로 한다. 이를 전달할 효과적 수단으로 선택한 것은 일탈이었다. 작품 속에서 충격효과를 노렸을 뿐만 아니라 창작 외 영역에서도 그들은 파격적 행보를 이어갔다.

II. 우크라이나 미래주의의 출발과 전개

II-1. 미래파와 M. 세멘코

미하일 세멘코(M. Семенко)는 1892년 우크라이나 동부 폴타바지방 쿠빈치에서 출생하였다. 대학에서 심리학을 전공했지만 문필가 집안에서 성장한 배경에 힘입어 졸업 후 문학에 전념한다. 우크라이나에 처음으로 미래주의를 도입하고 이론을 정립한 시인이자 우크라이나 아방가르드 예술의 효시이다. 1913년 '전주곡' 이라는 시집을 필두로 우크라이나에서 새로운 문학의 형태를 찾는 예술적 실험을 시도한 장본인이었다. 모음 집 '감행' (Держання)을 통하여 '우크라이나 안식처' (Українська хата)의 문인들에게 많은 영향을 미쳤다. 이듬 해 '퀘로 미래주의'(Кверо-Футуризм)를 발표했는데 그 시기 러시아의 입체미래파(흘레브니코프, 부를류크, 마야코프스키 등)와 자아미래파(세베랴닌, 이그나치에프, 그네도프 등)가 우크라이나에 소개될 무렵이었다.

세멘코는 미래주의 작가모임 '플라멩고' 를 주도하고 동명의 기관지이자 출판사를 설립한다. 이를 통해 1918년-19년 3개의 '삐에로' 연작과 함께 "9개의 장시", '장미 없는 과수원', '지폐뭉치', '경쾌한 가락' 등의 작품을 쏟아낸다. 1919년에는 혁명적 미래주의를 선언하고 출간한 '태양 동지'(Товариш Сонце),'두개의 시화'(Два поезофільми)는 경향시임을 입증시키고 있다.

1920년 리웁첸코(М. Любченко)와 슬리사렌코(О. Слісаренко)와 함께 '3개의 연감'을 발표하고 1921년 '위협의 광선'(Проміння рогроз)이라는 시집을 펴낼 즈음 '미래주의 여단'을 구성했는데 이후 '범미래주의 연합'(Аспанфут)으로 개칭하였다. 단체는 관련 신조와 성명서를 채택하는 한편 1922년 연감과 신문을 제작하기에 이른다. 세멘코는 당시 비평에 반응하여 자신의 입장을 '좌파 최전선'으로 선회하였고 기존 '범미래주의 연합'을 '공산주의숭배'(Комун культ)로 명칭을 변경한다.

1924년-27년까지 그는 우크라이나 사진영화국의 오데사 스튜디오의 책임자로 종사했으며 1925년 시적 창작을 영화적 형태로 완성한 필름 '스텝'(Степ)을 제작하였다. 그 기간 중 1910년부터 1922년까지의 작품들을 모아 '코브자르'(Кобзар)와 '혁명 속으로'(В революцію)라는 제목의 콜렉션을 엮게 된다.[3]

오데사기간이후 1927년에는 우크라이나 미래주의 거장들, 쉬쿠루피(Г. Шкурупій), 바잔(М. Бажан)이 회합하여 '교차로의 만남'(Зустріч на перехресній станції)을 출간한다. 그해 세멘코는 또 다른 미래주의파인 '신세대'를 결성하기에 이르는데 이 무렵 세멘코는 문단으로부터 신랄한 비평을 받게 되는 한편 볼셰비키 혁명시인으로 전환하는 한편 미래주의를 포기하게 된다.[4]

1928-29년 '작은 코브자르와 새로운 시', '유럽과 우리'는 그런 변화를 시로써 감지할 수 있다. 30년대 초 자신의 행보에 대한 과실을 인정하고 31년-33년 개정된 형태의 '현대시모음', '소비에트 일기', '화염 속 중국', '국제문제'를 내놓게 되지만 그럼에도 불구하고 당국은 1937년 다른 우크라이나작가들과 함께 세멘코를 처형되었다. 1960년 중반에 와서야 복권되었다.

세멘코의 초기작들은 도회지적 주제와 마리네티로부터 받은 시적 영감으로 가득했다. 형식과 언어를 실험하면서 독자를 쇼킹하게 만드는 충분한 시도를 거듭하였다. 셰브첸코나 프랑코, 올레스, 보로니, 필리안스키 등과 같은 고전과 동시대 문학적 업적을 내던짐과 동시에 우크라이나 현대시 발전에 지대한 공로는 부인할 수 없다. 세멘코 작품의 완결판은 1931년 하르키브에서 발간되었으며 사후 개정판으로 1985년 '세멘코 시선' 이후 포스트모더니즘시대 독자들에게 널리 읽혀지고 있다.

세멘코의 주요 의도는 오랜 양식과 19세기 경향, 특히 사실주의, 자연주의 그리고 고전주의로부터 탈피였다. 큐비즘이 여전히 관례를 인정했던 반면에 세멘코의 미래는 기존에 받아들여진 모든 형식을 거부하고 개성이 마음껏 자신의 영역을 확장하도록 독려하였다. 이러한 자유는 미술에서 환상적인 형태와 색감을 이끌어냈고 문학, 시에서는 '의미 없는 소리'[5] (заумна мова)로 구성된 난해한 언어와 도형 등을 탄생시켰다.

	Aa	Aa	Aa
	азіат		ayoye
			ріжжними Аа

	х то мені	
	прекрасному	
	ніс спичкою проткне	

	ВІТАЮ ВАС КІЛЬКОХ	
	ВЕСЕЛИХ І ТАЛАНОВИТИХ ХЛОПЦІВ	
	на цій землі	ЧЕРВОЇДІВ

그 외 역량 있었던 우크라이나 미래주의자 상당수가 1930년 내셔널리즘을 구실삼아 처행되었다.[6] О. 블루쉬코, Г. 쉬쿠루피, О. 스쿠바가 여기에 속한다. 서유럽에서 널리 인정받았던 바잔과 우크라이나 혁명시기 위대한 시인으로 명성을 떨친 티치나는 한동안 미래주의에 심취, 자신들의 작품 속에 미래주의적 아이디어들을 적극 활용하였다. 포토라츠키는 미래주의에 관한 심도 있는 이론을 정립시킨 학자였으며 시인 폴리쉬축(В. Поліщук) 역시 이론을 기초로 한 '나선주의 운동'을 구축하려는 시도를 했다.

Ⅱ-2. 아방가르드 미학과 사회주의 혁명

미래주의 운동은 당대 유럽 지식인과 예술가 집단내에서 소위 미학적 카페인과도 같은 각성 효과를 발휘했다. 무엇보다도 인식론적 전환을 가져왔을 뿐만 아니라 운동 전개과정에 있어서도 문예계는 다양한 이벤트적 홍보를 통한 공격적 행보를 병행하였다.

미래주의로 대표되는 아방가르드는 모더니즘과 다른 양상을 보여준다.[7] 우선 모더니즘은 자연, 우주, 삶의 실재를 객관적이며 불변의 것이 아니라 각각 상대적인 것으로 판단하고 전통적 작품들이 구현하고 있는 규범적 비례, 시간, 공간, 인과법칙, 대상성 등을 거부한다. 상상의 나래는 모더니즘 세계관의 곧 출발점이며 그렇게 완성된 작품에 대한 이해 역시 주관성에 전적으로 의존한다. 모더니즘의 미적 개념은 작품과 이를 감상하는 수용자 상호간의 작용 속에서 파악되며 완성된다.

모더니즘에서 장르와 형식의 해체는 예술 자아의 소외와 실존적 인생관, 연속적인 스토리 이탈을 위한 수단인 반면 후자는 이미 정립된 미학 구조와 방식의 파괴 그 자체를 목적으로 한다. 아방가르드에서는 수용자에게 직접적인 호소, 선동, 충격 등을 사용하여 비논리적 세계를 의식적으로 창조한다.

> 만일 내가
> "아 (A)!" 라고
> 말한다면-
> 그 "아" 는
> 인류를 위한 공격(Атака)의 나팔소리
> 만일 내가
> "베 (Б)!" 라고 말한다면-
> 그건 인류의 투쟁을 위해 던지는 새로운 폭탄(бомба)[8]

따라서 아방가르드는 과감했다. 종래와는 판이하게 다른 슬로건, 플래카드, 격언 등이 등장하여 예술적 범주, 문학의 경계선을 넘어선 생활 실천으로서 변형되었다. 카페나 회합에서 낭독되고 연극으로 공연되었으며 포스터가 제작되고 짧지만 임펙트있는 시사적인 문구들이 내걸리게 되었다.

기법 역시 파격적이다. 의미와 음절을 토막으로 자른 시구가 그러했고 일상어의 교묘한 구사나 유머 역시 혁명적이었다. 고정화된 시어의 파괴에 그치는 것만이 아니라 에너지를 담아내며 동적인 비유로 가득 찼다. 이는 집회나 시위에서 자주 낭독되곤 했는데 이러한 프로파겐더적인 속성은 서정적 재능과 기발한 발상, 유머감각이 빛났다.

서구 미래파 작가들도 마찬가지였다. 1912년 첫 시선집을 펴냈고 이런 와중 1차 대전에 대한 참전을 지지하다 무솔리니와 투옥되기도 했고 1919년부터는 그들의 정치적 활동은 파시즘으로 연계되었고 1920년 중반까지 운동은 정점에 달한다.

미래주의의 그 미래는 예술적 자유를 만끽할 포부와 비젼을 제시하기도 했지만 한편, 사회 윤리적으로는 발목을 잡게 한 족쇄이기도 했다. 그들에게 미래는 어찌보면 지독한 강박 관념과도 같은 것이다. 이를 떨치지 못해 과거는 전면적 부정의 대상이 되었다. 현재에서 벗어난 미래는 혁명으로 보장되는 것이며 이런 현실문제에 대한 타개책은 폭력까지도 용인하는 치명적 오점을 남긴다. 전쟁과 예술은 동일의 고차원적 기술단계로 간주하여 예술은 결국 정치적 행동이어야 한다고 그들은 확신하게 된다..

> 우리는 세계에서 유일하게 활력을 주는 전쟁, 군국주의, 애국심, 무정부주의자의 파괴적인 힘, 살상이라는 아름다운 이상, 여성에 대한 경멸을 찬양한다.[9]

위 마리네트의 언급은 그가 펼쳤던 전위적 미학이 호전적 파시즘과 연결되고 있음을 시사한다. 1912년 이후 동유럽의 미래주의도 유사한 맥락에서 파악된다. 그루지아 출신의 마야코프스키는 제정 러시아 시대 출중한 모더니스트이기도 했지만 혁명 이후 볼셰비키 당원으로서 이 운동을 주도하며 소비에트 최고 시인으로 부상한다. 1917년 혁명에 전적인 공감을 표시한 최초 예술가 집단으로 이후 문화계 주류가 되었고 새로운 프롤레타리아 문학을 창조하려 노력했다.

그가 속한 그룹은[10] 이태리 미래주의자들보다 더 시의 형식적인 면을 중시하고 언어적 실험을 하는 등 새로운 시 운동을 전개하는 한편 점차 예술상의 혁명을 감행했다. 그에게 혁명 예찬은 새로운 사회를 위해 투쟁하라는 미래주의 이념을 실천과도 같은 것이다. 그는 20년대 들어와 예술좌익전선 '레프'를 발간 전위문학 운동의 핵이 되었다.

우크라이나의 미하일 세멘코가 '범미래주의 연합'이라는 단체를 1921년 결성한 후 활동 본거지를 하리키브로 옮긴 후 사정은 유사했다. 이때 새로 창간한 '신세대'(Нова Генерація)는 오직 공산주의 사상만이 허용되었고 따라서 저널은 프롤레타리아 예술의 전투적 옹호자 일 수밖에 없었다. 애초 시작은 구시대 형식의 파괴를 요구했지만 새 사회를 구축하는데 별다른 도움이 되지 않는다는 인식 이후 구성주의와 절대지상주의를 전파하였다. 모스크바에서 K. 말레비츠가 추방된 다음 세멘코는 자신이 편집장으로 있는 저널에 그의 절대지상주의 관련 기사들을 시리즈로 연재하게 된다.

세멘코 계열 외에도 1921년 하리키브에 '공산주의 세상'(Ком-Космос)과 오데사지방 러시아인들과 함께 조직된 '유골리프'(Юголіф), 1925년 모스크바의 우크라이나인을 중심으로 한 '촌락과 도시'(Село і Місто) 등도 같은 계열의 창작 부류에 해당된다. 이들 모든 집단은 고전적인 유산을 거부했으며 공산주의자들의 미래를 위한 형식의 파괴를 옹호했다. 1920년대 '유니버설'(Універсальний)과 '미래의 수기신호'(Семафор у майбутнє), '예술이란 영구차'(Катафалк искусства), 멕시코 만류(Голфштром)이라는 잡지를 발행하고 활동을 넓혀나갔다.

II-3. 범미래파(Панфутуризм)와 마니페스트(Маніфест)

동인 '신세대'는 다다이즘이나 초현실주의와 같은 새로운 유럽 트랜드를 전파하였다. 이런 실행은 저널의 공식적인 사회적 선언과도 상충하는 것이고 정부의 압력아래 정간이라는 사태를 빚어내기도 했다. 1922년 게오 쉬쿠루픠(Г. Шкурупій)가 발표한 '범미래주의 시그널'이라는 선언문의 기초는 우크라이나 범미래주의에 대한 팜플렛이자 해설이다. 기초는 다음과 같다.[11]

범미래주의는 보편적이고 종합적 존재, 과학적 시스템이기를 원한다. 모든 사물은 예술이 발전해 나아가는 방법에 따라 존재하며 이에 의존한다. 범미래주의는 이즘을 중성화시키는 모든 이즘이 폐지되길 원한다. 이는 예술에 나타나는 조직적인 여러 문제 중 개별적 문제, 그 하나에 주목함으로써 모든 주의를 무해하게 만든다. 이 때문에 범미래주의 자체는 영원한 논의를 지니는 과학이다.

막시즘처럼 범미래주의는 혁명적 개념이다. 그것은 목적과 전술을 함축한다. 기능적으로 특정 시기 주어진 사회의 계급투쟁과 관련 있다. 범미래주의는 프롤레타리아 예술 시스템이다. 그것은 막스가 정치경제를 재구성했던 당시 같은 방법으로 예술상에서도 문제의식을 가지고 새로운 방법을 모색하기를 원한다.

따라서 범미래주의는 바로 예술 본질을 변화시키는 경험과학이 된다. 그것은 근본적이지만 수정적 요소인 의식을 생산이라는 직감적 과정 속에 투여해 보기를 원한다. 따라서 범미래주의는 유기적인 예술이다. 예술의 단순한 새 방향만이 아니며 미래를 대체할 완전한 예술이다. 이는 기존 예술을 청산하는 능동적인 요소이다. 일시적으로 범미래주의는 미래주의, 입체주의, 표현주의, 다다이즘이다.[12]

그러나 범미래주의는 이러한 유용한 주의들을 합성하지 않으며 그것은 구별된다. 존재의 일부로서 예술은 종속적이며 파생물이다. 이때 범미래주의는 무엇을 원하는가? 예술적 문제를 결정하고 확고한 지지점을 찾게 한다. 그 지지점이란 이데올로기이다. 이념상 범미래주의는 유기적이길 원한다. 모든 예술은 추상적이지만 완전한 공식은 아니다. 역시 추상적일 수 있으나 동시에 완전한 컨텐츠를 가진다. 유토피아를 원하지 않고 실행이기를 원한다. 그러한 목적을 위하여 모든 실제적인 컨텐츠를 결정하는 동등한 시스템을 건설한다.

범미래주의 공식은 다음과 같다.

> 범미래주의 = 이데올로기 + 작품
> 작품 = 재료 + 형식 + 컨텐츠

범미래주의는 구조적 시스템이기를 원한다. 하지만 구조는 오직 완벽한 파괴를 기반으로 이루어질 수 있다. 예술 파괴의 과정으로서 부르조와 사회 해체의 과정도 동시에 발생한다. 반면에 범미래주의 구조는 동시에 모든 구조물의 격변을 포함한 공산주의 사회기초건설과 동시에 실현될 수 있다.

범미래주의는 이전의 모두를 거부한다. 파괴 예술로 완벽한 파괴를 기반으로 하며 파괴를 혁명과 미래주의 과정으로서 간주한다. 파괴과정의 이데올로기적 생성물로 관심을 갖는 것이 아니라 우연적 그리고 필연적 현상으로 범미래주의는 작품의 혁신으로서 예술에 대한 전반적 파괴를 포용한다. 이러한 과정의 결과는 부르주와 예술의 청산을 가져오게 될 것이다.

그래서 범미래주의는 혁명적 시스템으로서 파괴를 지속한다. 동시에 구조의 원칙을 결정지으려 한다. 그런 과정으로 범미래주의는 동방의 프롤레타리아 공화국들이 승리의 함성으로 건설한 연방이라는 조건하에서 실현 가능한 이데올로기이며 프롤레타리아 예술의 실제적 시스템이다.

Ⅱ-4. 예술상의 미래주의

미래주의는 그 이름이 시사하는 바대로 20세기 예술을 주도하기 위해 처음부터 명확한 이념과 방법에 대한 의식을 가지고 등장한 아방가르드 운동이란 점은 이미 언급하였다. 미래주의는 문학, 특히 시뿐만 아니라 회화(1910), 음악(1911), 조각(1912), 건축(1914), 연극(1913,1915)을 비롯해 훗날 영화, 심지어 산업디자인까지를 포함한 광범위한 예술 운동이다.

유럽 미래파들이 문학과 회화는 물론이고 다른 제2, 제3의 분야와 깊숙이 관련되어 있다는 사실은 의미심장하다.[13] 이제까지 알아본 문학 외에도 <미래주의 회화기술선언>, <미래주의 조각기술선언>, <미래주의 제3선언>등을 통해서 그들은 각 분야로 미래파 양식을 구체화시켜 나갔다.

미래주의가 예술상 기법 면에서 외관상으로 무관한 사건에 대한 막연한 연속적 나열처럼 보이지만 실제로는 시간과 공간, 환치, 전후 맥락하의 대상물들을 끄집어내어 분리시키고 있는데 여기에는 일정 메커니즘이 작용하고 있는 것이다.

시문학에서는 '역동적인 감각(운동)'을 창출하고 대상과 그 대상을 둘러싸고 있는 분위기'를 묘사하며, 마치 그림의 감상자를 그림의 한가운데로 끌어들이려고 하는 기법은 회화에서도 고스란히 드러나게 된다.

Місто [14]	도시
Осте сте	브르릉 부릉
бі бо	비 보
бу	부
візники—люди	운전사들— 사람들
трамваї— люди	궤도전차들— 사람들
автомобілібілі	자동차들들들
бігорух рухобіги	질주이동 이동질주들
рухливобіги	빠른 레이스들
berceus[15] кару	자장가 리듬처럼
селі	요람의
елі	람의
лілі	람람
пути велетні	엄청난 신작로들
диму сталь	쇠굴뚝의 연기들
палять	피어오른다
пах	냄새
пахка	향내
пахітоска	향기
дим синій	퍼런 연기
чорниий ди	검은 연
м	기를
пускають	내뿜는다
бензин	벤진은
чаду жить	매연을 살린다
чаду благать	매연을 애원한다
кохать кахикать	사랑한다 뱉어낸다
життєдать	삶을 부여한다
життєрух	이동의 삶을
життєбе—	네 삶을 위한 벤
нзин	진
авто	전
трам.	차

미래파는 이를 위해 입체파 양식을 선택하면서도 한발 나아가 현대생활의 역동성에 함입된 정서적 면을 강조한다. 전자가 정물, 초상, 인물, 풍경을 선호한 반면 후자는 동선을 부각시키며 달리는 자동차, 기차, 사이클, 무희 등을 찬양했다. 이를 위하여 그들은 대상의 윤곽을 율동적으로 반복시키는 기법을 사용하였다. 여러 시점에서 파악한 이미지를 같은 화면에 중복시키고 '역선'이라는 힘찬 선으로 형체의 추이를 뚜렷하게 새겨 넣는 방법을 사용하였다. 이를 '면의 상호침투', '물리적 초월주의' 라고 칭했다. 이는 현대도시의 환경이 의식화되고 일상생활과 예술의 상호침투의 근거가 된다. 입체파가 분석대상의 동시성을 묘사하는데 주력한 반면 미래파는 동시 발생하여 주어진 환경 속 모든 사물을 보여주려 한다.

건축에 있어서도 공업소재의 적극적인 활용에 의한 공간구성으로 환경의 새로운 창조를 시도하여 1950년 후반부터 전개되는 움직이는 예술과 빛의 예술의 선구자 역시 미래주의자들의 성과였다. 미래도시에 대한 그들의 계획은 새로운 소재에 의한 거대한 기계와도 같은 도시를 상정하고 있으며 미래주의는 이런 면에서 현대도시의 양상을 미리 내다보는 혜안을 가졌다고 할 것이다.

연극 상에서도 1909년 선언은 마찬가지로 다양성을 요구하고 있었다. 정극에서 벗어난 퍼포먼스를 제안하는 등 새로운 길을 열고자 하였다. 특히 1915년 소극에서 비극에 이르기까지 모든 연극 양식을 비판하는 연극 분야의 미래파 선언은 궁극적으로 종합연극, 신테시를 주창한다. 이 연극은 배우가 아예 없거나 도구만을 가지고 무대 디자인, 무대의상을 강조하며 관객 참여을 적극 유도한다. 이런 연극이론은 훗날 영화, 라디오, 뮤지컬, 공연 등에 까지 확장되었다.

음악에서도 미래파는 '소음의 예술' 이라는 용어를 정립시켰다. 음표가 아닌 소리, 단순히 흉내내는 소리만이 아니라 일상생활의 소음과 관련되는 소리에 바탕을 두자는 것이다. 미래파의 음악은 1950년을 전후해 등장하는 전자음악과 구체음악의 전조를 보여주게 된다.

1906년 우크라이나를 떠난 거장 아르히펜코 외에 예술부문에서 우크라이나 작가들 엑스테르, 보호마조프, 페트루츠키, 바실 세멘코, 예르밀로프, 말레츠키, 프리빌스카, 사하이다흐니, 소로흐테이, 코브즈훈 그리고 '신세대' 동인 작가들은 무정부주의보다는 구조주의자적 미래주의와 더 긴밀한 관계를 가지고 있다.

Ⅲ. 결어

미래주의는 1차 세계대전 이전까지 우크라이나 사회에서 커다란 지지를 이끌어내지 못하고 고전했다. 위에서 언급한 대로 테마에 있어서 도시와 공업은 빼놓을 수 없는 미래주의의 전형적 양식이었는데 보수성향의 농민층과 전통 지향적 소 부르주와의 감성을 파고 들기에는 역부족이었다. 게다가 이 운동은 미래 기술 외에도 범세계적 공동체에 대한 이상이라는 대의적 정신까지도 포괄했기에 더욱 그러했다.

당대를 대표하는 우크라이나출신의 예술가 아리히펜코의 경우도 본국을 떠나 프랑스 파리를 근거지로 활동했다. 훗날 1912년 작 '춤과 메드라노 1세' 라는 작품을 통하여 오히려 서구에서 명성을 쌓은 후 다시 모국으로 복제품이 나돌았던 상황은 이를 대변해 준다.

미래주의자들의 혁신은 매너리즘에 빠져있던 유럽 지식인과 예술가 집단들에게 미학적 동력을 제공한 활력소와도 같은 것이었다. 또한 다양한 변형을 통한 충격요법들은 단절된 대중의 호응을 이끌어내며 이목을 집중시키기 위한 최선의 처방이었을 것이다.

하지만 철학적 관점에서 미래주의가 펼친 문학과 예술에 대한 화려한 시위 그 언저리에는 니힐리즘적 그림자가 드리워져 있다. 기성 문화에 대한 허무적 자세를 견지했으며 공론적 탐닉보다는 격한 반항을, 권위와 인습에 대한 강한 거부를, 규범과 관례에 대한 일탈을 서슴지 않았기 때문이다.

아방가르드는 삶의 전위이자 미학적 전위이고 결국 정치적 전위였다. 그들의 전위는 프롤레타리아 계급이 이해하기에는 앞서 있었고 동반작가와는 채도를 달리한 극단의 정치 색깔을 지녔다.

미래주의의 미래는 예술적 자유에 대한 청사진을 제시하기도 했지만 한편으로는 일종의 강박관념과도 같았다. 그래서 미래에 대한 집착은 전통과 유산을 전면 부정의 대상으로 전락하게 만들어 버렸다. 미래주의가 20세기 문예사에 큰 획을 긋고 있기도 하지만 급진적이며 일부 반미학적이며 공격적 어조는 사회 윤리적으로 발목을 잡게 한 족쇄이자 비판의 구실로서 논란의 여지를 남긴다.

　우크라이나문학에서 미래주의의 영역은 상징주의나 신고전주의의 아성보다 작아 보이는 게 사실이다. 하지만 무엇보다 차별화된다. 과거라는 유대의 사슬을 끊고 산소와도 같은 신선한 테마와 실험적 양식을 끊임없이 공급한 이유에서 그러하다. 전통문학에서 남겨진 무기력한 부분을 제거하고 특히 시문학에 시화라는 흥미로운 실험과 더불어 초이성어를 통한 언어분할 등 시도하지 않았던 과감한 자극을 감행, 문예전반에 활력을 불어넣은 사실만은 부인할 수 없다. 이같은 특징적 요소들로 인해서 우크라이나 문단은 풍성함을 누렸을 뿐만 아니라 오늘날 우크라이나 현대사회에도 공헌한 바가 매우 크다.

〈요약문〉

1909년 비롯된 미래주의는 이전 세기의 지배적인 예술경향 특히 사실주의 및 고전주의와 관련한 구시대 형식을 떨쳐버리고 무엇보다도 개성이라고 하는 예술적 자유가 군림하게 한 운동이었다.

'미래주의 선언'이 일회성으로 그치지 않고 20세기 아방가르드 운동의 불씨로서 유럽 전역에 큰 문화적 파장을 일으켰던 이유는 무엇보다 인식론적 전환에서 가능한 것이었다. 매너리즘에 빠져있던 유럽 지식인과 예술가 집단들에게 미래주의적 변용은 어떤 면에서 미학적 카페인과도 같은 각성 효과를 발휘하게 되었다.

우크라이나에서도 미래주의는 아방가르드그룹들의 공허한 이론으로 머무르지 않고 실제상 문예 전반에 신선함을 가져왔다. 현실을 부정하고 파괴하며 공격적으로 비틀어 보는 태도는 문학에서도 여지없이 드러났다. 전통 리듬의 거부, 통사적 구문의 파괴, 연산과 기호, 기발한 글자 배열(заумна мова) 등 가히 충격적인 실험들을 거침없이 쏟아내었다.

1913년 M. 세멘코를 필두로 한 우크라이나의 미래주의는 '기계와 속도' 를 표방한 새로운 시운동으로 전개되다가 1917년 후에는 이데올로기적 혁명 전선으로 투입되었다. "공격성이 없는 작품은 걸작이 될 수 없다" 라는 미래주의 선언대로 극단적 '탐미의 예술' 은 이제 혁명적 '정치의 예술' 로 전위하게 되며 1920년대를 전후로 발간된 저널 '예술' (Мистецтво)紙에 발표된 혁명시들은 우크라이나 미래파가 얘기하는 사상적 편린의 궤적들이다.

미래주의는 미학적 전위이자 정치적 전위이고 또한 삶의 전위였다. 과거의 사슬을 끊고 인습과 권위에 대항하였으며 규범에 대한 일탈을 서슴지 않았기 때문이다. 이런 미래주의 특징적 요인들로 인하여 우크라이나 문예계는 풍성함을 누렸을 뿐만 아니라 오늘날까지 '역동'이라는 이름으로 우크라이나 사회 전반에 미친 영향력은 지대하다.

우크라이나 영화 시인, 도브젠코 삼부작에 나타난 신(新)-구(舊)의 영화적 모티브

우크라이나 영화 시인, 도브젠코 삼부작에 나타난 신(新)-구(舊)의 영화적 모티브

I. 도입

우크라이나 출신 올렉산드르 도브젠코(Олександр П. Довженко, 1894-1956)는 소비에트 무성영화시대를 풍미한 대표 영화감독이다. 활동 당시 진보적 영화인들과 문화적 기호, 감각, 색채를 같이하여 소위 소비에트 학파로[1] 일컬어진다. 이들은 20년대 중반 영상물 제작을 선도했으며 1930년대를 전후로 국내 영화를 국제적 수준으로 끌어 올렸던 장본인들이다. 오늘날 도브젠코의 대표작들은 무성영화와 초기 사운드 시대의 고전으로 인정받고 있다.

그의 메가폰은 어찌보면 소련영화사에서 다민족 문화영화의 출현을 의미하는 상징이다. 1917년 혁명 후 모스크바 일변도의 영화 중심축은 서유럽과 인접한 우크라이나, 발트, 카프카즈 등 점차 여러 공화국으로 이동하는 계기가 되었다. 도브젠코는 그런 '토착민족' 작가들에게 영화 제작의 전형을 제시하였다. 아르메니아 세르게이 파라즈하노프와 러시아 안드레이 타르코프스키가 구사한 시적 영상기법 역시 도브젠코에서 원류를 찾고 있다.[2] 또한 모스크바 국립영화학교에서 라리사 쉐피트코, 젬바 피르소바, 게오르그 쉔겔라야, 오타르 로셀아니 등 출중한 제자들도 배출하였다.

도브젠코의 몽타쥬는 전체적으로 볼 때 엄격한 짜임새를 갖추고 있지만 컷과 컷 사이 시간과 공간 모두에서 상당한 공백을 남겨 놓는다. 나레이션이 제공되지 않은 상태에서 관객은 나름대로 쇼트와 쇼트의 논리적 연결을 스스로 파악해야 하는데 이는 마치 시를 감상하는 듯한 착각을 불러일으키게 만든다. 감독을 가르켜 영화시인이라는 수식어가 말해주듯 연출은 개인적인 것 그리고 사유적인 것을 의도하게 되는데 여기서부터 권력의 비난은 시작된다.

후기작에 접어들면서 자신의 신념과 정치적 현실사이에서 타협해야 하기도 했지만 무엇보다 그가 영화예술의 시적 승화를 고민한 흔적은 선명하다. 먼저 이념에 치우친 식상한 소재보다는 현실감 있고 대중의 관심을 모으는 모티브를 설정했다. 대지에서 보는 바와 같이 급박한 산업화의 고동을 농촌의 일상적이며 자연스러운 리듬과 대비시킨다. 이렇듯 삼부작 스토리라인의 일관된 중심은 신(新)과 구(舊)에 대한 병치에서 출발하여 모두의 공감을 이끌어내는 휴머니즘이라는 종착점에 귀결되는데 초현실주의적 인생과 자연 그리고 죽음과 부활이라는 순환적 사이클이 스크린에 녹아 있다.

소비에트학파이지만 도브젠코 몽타주의 차별화된 특징을 살펴보고 삼부작 '즈베니고라', '무기고', '대지'와 더불어 그 전조적 형식을 띤 '이반'이 1930년대 정치적 상황 속에서도 이상(理想)과 현실(現實)이라는 주제를 신(新)과 구(舊)라고 하는 양면적 미쟝센으로 어떻게 구현했는가를 분석하고자 한다.

Ⅱ. 작가와 작품분석

Ⅱ-1. 도브젠코의 삶과 몽타주론

1908년 드란코프와 한존코프에 의해 처음 러시아 영화가 제작된 이래 대전발발 전까지 100여편 내외의 크고 작은 작품들이 선보인다. 1917년 2월 혁명까지의 영화는 크게 두 가지로 분류된다. 다양한 사회적 현상과 내면적 체험을 바탕으로 한 심리드라마와 전선의 소식과 관련하여 주로 정보전달을 목적으로 한 뉴스형식의 영상물이었다. 1917년 10월 혁명은 모든 예술에서 혁신적 변화를 있게 했다. 영화도 예외는 아니어서 공산주의 이념의 주입을 위한 민중 교화와 계도의 수단임이 강조되었다. 따라서 정치 선동영화와 혁명이념이 확실하게 반영된 다큐멘타리 형식의 뉴스영화가 주를 이룬다. 1919년 법령을 통한 영화산업의 국영화는 이런 현상들을 가속화시켰다. 사진과 영화관련 교육기관 등이 국가 후원으로 개교하였으며 또한 22년 국가영화위원회의 발촉과 함께 제작 횟수는 더욱 늘어나 외형적으로 소련의 영화산업은 비대해져 갔다.[3]

20년대 중반은 젊고 진보적인 감독들의 대거 출현에 의해 이전시기와 차별된다. 새로운 형식과 독창적 표현수단을 추구했던 이들은 소련 영화의 황금기를 견인한다. 특히 무성영화의 특징이라 불릴 만큼 소비에트학파의 대표 기법인 몽타쥬론은 쿨레쇼프를 시작으로 푸도푸킨과 에이젠슈타인에 의해서 세계의 이목이 집중되었다. 시공의 연결에 입각한 종래의 쇼트는 무시되고 편집이 관객에게 새로운 이미지를 심어주게 하는 것이 초기 몽타주였다.

푸도프킨의 몽타쥬가 벽돌쌓기와 같은 커트 결합의 기법($A+B=AB$)이라면 에이젠슈타인은[4] 커트의 충돌과 갈등을 통한 제 삼자의 탄생($A * B = C$) 을 원리로 한다. 즉 변증법적 편집은 관객을 자극하고 선동하는 효과적 방법으로 제시되었다. 1925년 작 전함포템킨에서 오데사계단과 함포사격, 표효하는 사자상의 교차편집은 널리 알려진 몽타주기법의 교과서이다. 클로즈업과 롱숏의 교차를 통한 경악과 전율에 찬 표정, 카메라의 떨림을 통한 화면의 충돌은 병사와 민중과의 대립, 나아가 계급의 충돌로 확장된다.

도브젠코는 서술적 구조, 감정의 결렬함보다 신비적 상징성을 우선한 작가다. 화면상 그의 일관된 의도는 푸도프킨처럼 해설적이거나 혹은 아이젠처럼 극적이지 않고 명백히 시적이다. 회화적 아름다움과 서사시적 수법을 화면에 도입하여 시적 영상을 형상화함으로써 대세였던 몽타쥬와 구별된다. 감정을 불러 일으키는 다층적 이미지를 추구하는데 쉽게 동요하지 않았다.

그의 몽타쥬는 먼저 빈도가 많지 않다. 비교해서 전체적으로 차지하는 비중이 적으며 기법 또한 달랐다. 다른 소비에트학파의 빠르고 다이나믹하게 전개되는 화려함에 비해서 그의 편집은 적당했고 균형감을 갖추고 있다고 말할 수 있다. 특히 시각적 양식의 특징에는 단일의 프레임 안에서 전개되는 극도의 광각인 롱쇼트들이다. 한적한 풍경, 돌아올 수 없는 영면, 벅차오르는 수확의 기쁨에서는 마치 그림같이 정지된 쇼트들이 영원성, 불변성의 의식을 전달해 준다. 시퀀스가 매우 길며 원형구조를 이루며 서로 독립적이다. 씬 안에서 쇼트들의 관계 보다 시퀀스 안에서 씬들의 관계를 강조했다.[5]

도브젠코의 생애는 실로 드라마틱하다. 외교관, 종군기자, 정당인, 시인, 극작가, 연출가 등 다양한 경험을 훗날 스크린에서 유감없이 쏟아내고 있는데 작업할 때의 열정적 기질, 창작에서 창조적인 에너지는 그를 인간 다이나마이트라고 칭하기에 충분했다.

1894년 우크라이나 북동부 체르니히프지방 데스나강이 흐르는 소스니챠 마을에서 농민의 아들로 태어났다. 그는 14남매 중의 7째였지만 격변기에 모든 형제를 잃고 오누이 둘만이 살아남는다. 감독으로서 삶, 빈곤 그리고 죽음에 대한 집착은 아마도 소년기의 아픈 흔적과 관련이 있으리라 짐작된다.

소도시 흘육흐프와 키에프에서 교육받은 그는 졸업 후 1914년 교사로서 사회에 첫발을 내딛지만 1917년 혁명이 발발한다. 한때 우크라이나의 독립을 열망한 민족주의자로서 우크라이나 농민당의 당원이었지만 해산되면서 1920년 공산당에 가입한다. 신망을 얻어 이듬해부터 폴란드 바르샤바와 독일 베를린 주재

외교관으로 근무하게 된다. 그곳에서 우연히 표현주의 예술가들과 교분을 쌓게 되는데 특히 화가 에리히 헤켈(Erich Heckel)와의 만남을 통하여 아방 가르드라는 양식을 접하게 되고 이는 훗날 인생의 전환점이 있게 한 계기로 작용했다.

귀국 후엔 문단 활동에 참여한다. 동부지역 우크라이나 프롤레타리아 문학아카데미(VAPLITE)라는 조직의 발기인이었다. 당시 작가모임과 출판의 주제는 혁명적 메시지와 현대적 쟝르를 어떻게 우크라이나 고유의 문학 전통과 조화를 이룰 것인가라는 논의가 한창이었다. 1923년까지는 키에프와 하르코프 신문사에서 정치풍자 삽화나 만화를 그리기도 했다.

33세가 되면서 새로운 전기가 마련된다. 영화가 강력한 정치적 매체임과 동시에 자신이 섭렵한 경험과 예술적 감각을 보여줄 수 있는 종합 쟝르임을 인식하고 1926년 우크라이나 사진영화국에서 일하기 시작한다. 데뷔초인 1926년 -1928년 동안 남부 우크라이나 오데사 촬영소 시절에는 처녀작 '사랑의 열매' (Ягідки кохання), '개혁가 바샤'(Вася-реформатор), '외교행랑'(Сумка дипкур' єра)등 다양한 장르를 개척한다. 영화는 실제 그에게 많은 변화와 기회를 제공했다. 창작인으로서 예술적 완성이란 영예도 주었지만 동시에 시련의 아픔도 가져다 줬다.

플레쉬 세례로 가득 찬 스튜디오를 떠나 컴컴한 연극무대로 밀려나기도 했고 한때는 시나 소설에 전념하기도 했다. 1953년 스탈린 사후 해빙의 순풍이 불어올 무렵 영화계로 복귀한다. 하지만 정력적으로 작업을 해나갈 무렵인 1956년 11월 62세를 일기로 세상을 떠나고 만다. 자신의 손으로 결실을 보지 못한 다큐멘타리[6]는 이후 여배우 겸 제작가였던 미망인 이리나 손체바에 의해서 완성되었다.

Ⅱ-2. 정치 알레고리로서 시네마

창작 초창기였던 1926년-1930년 사이에 작가는 총 6편의 다양한 장르를 소화하며 왕성한 활동을 보여줬다. 직접 시나리오를 탈고했으며 심지어 스크린에 단역으로 출연하기까지 했다. 1926년 상영된 사랑의 열매는 당대 채플린의 시네마와 흡사하다. 이발사가 자신의 사생아를 인정하지 않고 권모술수로써 위기를 모면한다는 코미디물로 비도덕적인 성적 관습을 고발하고 있다. 같은 해 나온 개혁가 바샤 역시 호기심 많은 소년의 눈을 통하여 기성세대의 부조리와 사회상을 비꼬는 풍자적 희극물이다. 이듬해 완성한 외교행랑은 데뷔해 두 편의 스크린과 분위기가 사뭇 다르다. 상대국의 일급 정보를 캐내려는 영국의 첩보 활동과 스파이의 공작을 제지하려는 비밀요원간의 첨예한 대결이 있는 정치적 스릴러이다.

1930년대 중반이후 스탈린주의가 극에 달했을 때 소비에트 영화의 대부분은 주로 개인 숭배와 정부의 선전물이었다. 스탈린 감정에 따라 스크립트는 바뀌기 일수였고 순간의 정치적 상황에 따라 스토리 전체가 재조정되도록 강요받았다. 당시 도브젠코 역시 이에 부합하는 몇 개의 영화를 만들었다. 작업의 검토를 위해 수시로 모스크바로 보내져야 했고 관료들의 면밀한 감시로 완성되었다.

미국에서 '변경'(Frontire)으로 개봉되기도 했던 그의 작품 '에어시티'(Аеро гр ад)는 1935년 모스크바필름스튜디오에서 작업하고 시베리아 타이가지역에서 로케한 작품이다. 극동지역의 비행장 건설이라는 미래주의적 스토리라인을 특징으로 한 모험담이다. 도브젠코의 작품 중 이반과 함께 사운드 테크닉의 최고봉으로 알려져 있다. 초창기이나 테크닉에 있어 몽타주에 소리와 이미지 대위법을 시도하고 있다. 각 상황에 반응하는 주인공의 심리 상태를 면밀히 포착한 인상주의적이고 심미적인 사운드 트랙을 적용한다 라는 점이 주목받았다.

1941년과 1949년 영화인으로서 두 번의 스탈린상을 수상하게 되는데 그 밑거름은 쉬치초르스와 미추린이었다. 전자는 1939년 스탈린의 직접적인 지시하에 만들어진 작품이다. 우크라이나를 대표하는 볼세비키이자 빨치산 지도자 니콜라이 시치초르스(Щорс)의 영웅담을 묘사한다. 유사한 경향의 작품으로 1943년 '소비에트 우크라이나를 위한 전투'(Битва за нашу радянську Україну)는 2차 대전을 소재로 한 첫 다큐멘타리이다. 독일의 우크라이나 침략상과 우크라이나 동부 하리코프에서의 소비에트가 승리하는 시민전을 상세히 그려낸다. 장편 서사영화로서 이 이야기는 훗날 예브게니 사모찔로프(1912-2006)에 의해 각색되기까지 했다.

한편 몇 개의 각본은 부르주아성향의 국수주의적인 작품으로 고발당하면서 그를 곤경에 빠트렸다. 영화가 어려워지자 연극무대에서 연출자로 변신을 꾀했다. 이반 미추린(Мічурін,1855-1935)이 바로 이 경우에 해당한다. 러시아 농경제학자의 생애를 조명한 이 무대가 나름대로 호평을 받자 1948년 역으로 전기 형식의 첫 컬러 필름으로 재탄생하게 된다. 작가는 혹시 이 조차 정치적 논쟁을 피하고자 애초부터 또 다른 시나리오를 준비했다고 한다.

이러한 모든 이념적 논란의 시작은 1930년대 초를 전후로 한다. 도브젠코는 오히려 소비에트에 대한 헌신을 보여주기 위하여 고향 우크라이나를 떠나 모스크바소재 모스필름으로 자리를 옮겼다. 그리고는 바로 선보였던 영화가 '이반'(Iван)이었다. 1932년 제작된 도브젠코의 첫 번째 음성 녹음영화로 소련유성영화의 역사와도 맥을 같이한다.

'이반' 은 우크라이나의 드네프르 강이 흐르는 시골마을에 댐의 건설을 화제로 한다. 그곳에 사는 가난하고 배우지 못한 소년이 건설 프로젝트에 참여하면서 점차 의식이 싹트게 된다는 이야기를 연대기적인 형식으로 풀어 나가고 있다. 노동자로 성장해가는 인물에 초점을 맞춰 산업화의 시스템 속에서 정치적 상황의 흐름이 엿보인다. 이반은 한편 대지와 유사하게 농촌이 산업화되고 기업화되는 변화의 과정 속에서 자연이 가져다주는 전원생활의 리듬의 상실과 삶의 의미를 되짚어 보는 영화다.

1929년 스탈린 집권 이후 예술 전 분야에서 사회주의적 리얼리즘이 철저하게 적용되었던 것처럼 이 무렵 제작된 도브젠코의 대표작 '이반'이나 '대지' 역시 혁명적 변화를 수용하고 같은 기준에서 작업되었다. 서구의 시각으로 보면 충분하게 체재를 향한 낙관적 어조를 발견하게 되지만 이들 대표작 모두는 그 어떤 영화보다도 가장 많은 비판을 가져왔던 작품들이다. 모스크바에서 상영될 당시 정부기관지로부터 '패배주의'와 '반혁명' 이라는 공세를 면하지 못했다.

도브젠코가 키에프로 완전하게 귀향했던 1940년대 말까지도 이 같은 상황은 특별하게 나아지지 않았고 따라서 크고 작은 심각한 문제가 몇 차례 더 그를 곤란하게 만들었다.

III. 삼부작과 신(新)-(舊)의 모티브

III-1. 즈베니고라

오데사 시절 제작된 영상물들은 비교적 단편위주의 코믹, 스릴러 형태의 습작에 가까웠다. '즈베니고라' (1928)이후 키에프 필름스튜디오의 작업은 스케일 면에서 확장되며 본격적인 예술성이 드러난다 라는 점에서 구별되어진다. 즈베니고라를 통하여 농촌 주제를 처음 시도하였고 영화인생 전성기에 제작된 삼부작 모두가 이와 유사하게 농부의 애환과 갈등이 담겨 있다. 농민의 감성적인 면을 부각시키고 자연의 풍경을 사실적으로 담기위해 스튜디오 시스템 밖에서 촬영이 시도되었고 로케이션 샷이 사용되었다.

널리 알려진 도브젠코의 삼부작 중 첫 번째인 즈베니고라는 총 12부가 한 작품을 이루는 아방가르드 필름이다. 즈베니고라는 작가의 후기작들에서 나타나는 소작농의 삶과 투쟁을 예고한 것으로서 우크라이나 과거의 힘을 발견하고 그것을 현재 소비에트와 결합할 필요성을 보여주는 일종의 엠블렘을 보여준다.

이반을 포함하여 고전의 전형이라 불리는 삼부작은[7] 4년이라는 비교적 짧지만 작가가 왕성하게 활동하던 황금기에 만들어졌는데 주제 역시 한결 같이 고향과 자연에 대한 서정적 묘사와 더불어 농민의 삶과 생존 그리고 투쟁이라는 공통점이 있기 때문이다.

전체 작품 중에서 가장 종교적인 성격을 띠며 서사적 스토리를 가지고 있다. 단순하지 않은 스토리라인은 우크라이나 역사적 사실과 민속적 요소로 복합되어 있다. 할아버지가 손자에게 즈베니고라로 불리는 신비한 산과 그곳에 묻힌 신성한 보물에 대해 알려주는 이야기 형식을 취하지만 우크라이나 농촌의 현실상과 산업화의 이행이라고 하는 주제가 오버랩되어 있다. 혁명 우크라이나를 고대 전설과 병립시켜 과거와 현재가 교차하고 장구한 시간의 흐름 속에서 민족의 변화와 자취가 그려진다. 이런 천년동안 변화된 주요 사회상은 신화적 판타지 속에서 서정적으로 그려진다. 풍부한 모티브가 상징적 영상미를 더하는 작품으로 마치 판타지와 리얼리티의 놀라운 융합을 보여준 독일의 낭만주의 작가 호프만(Hoffmann)을 연상시킨다.

Ⅲ-2. 무기고(**Арсенал**)

시리즈중의 두 번째인 장편서사물이다. 서구 비평가들로부터 무기고는 폭력적 부조리로 얼룩진 전쟁에 도덕적이며 윤리적 의구심을 제기하는 보기 드문 소비에트 영화로 평가되어진다. 1917년-1918년 일어난 러시아혁명과 볼세비키가 반대파인 민족주의자 군대의 공격으로부터 군수공장을 지켜낸 일화를 사건으로 한다. 시민전이란 점을 강조하는데 1차 대전과 키에프 무기고 노동자들의 파업을 진압하는 마지막 1년의 기간을 시간적으로 설정하고 있다. 특히 노동자들이 파업을 벌이는 와중에 당시 권력을 쥐고 있던 우크라이나 민족주의자 중앙위원회에 대항해 포위당한 볼세비키 군대를 지원했던 상황을 배경으로 하고 있다. 영화의 도입은 위 사건의 맥락을 나열하기보다 전쟁의 원인과 결과가 가져온 비참함만을 반영한 채 이하 논리들은 관객의 몫으로 한다.

영화는 시적 나레이션으로 전개된다. 대지와 마찬가지로 무기고의 스토리의 연결은 적은 반면 풍성한 몽타주의 결합으로 이뤄졌다. 탄환을 맞고 감염되어 불구가 된 주인공, 이를 애도하며 울부짖는 아낙네, 마돈나 그리고 시공을 초월하여 질주하는 전설상의 야생마들이 합성화법을 구성한다. 그렇다고 비현실적인 몽상만을 쏟아내지는 않는다. 주요한 이야기 구조는 견실히 끌어가되 감상적이며 멜랑콜리한 시적 표현이라든가 인생에 대한 관조는 시나리오 상의 어떠한 외부사건이 개입할 수 없게 만드는 독창성을 갖고 있다. 농부의 손길, 잘 사육된 가축들 , 햇빛을 머금고 자라는 작물들에 대한 이미지들 또한 매우 사실적이다.

영화가 담으려는 정치적 메시지는 분명하다. 볼세비키는 반혁명주의자들에게 필사적으로 대항하며 어떠한 적의 총탄에도 정복되지 않았던 천하무적, 생명의 화신으로 묘사하고 있는데 이는 마치 18세기 우크라이나 농민봉기를 주도한 전설적 영웅 베르니호라를[8] 연상시킨다. 대체로 현대적 감성을 일깨울 때 역사 민속적 자료와 근거가 사실로부터 환상을 잇게 해주는 효과적 창구가 될 수 있다. 그런 시간적 회귀를 통하여 과거 영광스런 우크라이나 농민들을 이제 소비에트 문화와 사회에 기여하는 첨병으로 재탄생시키고 있는 것이다. 도브젠코는 이전 어떠한 예술적 규범으로부터 구속받지 않으며 판타스틱한 영화적 자유 ,이는 어쩌면 체계적이나 획일화된 학습과 훈련을 거치지 않고 오직 경험과 독학으로 자신만의 세계를 개척한 자만의 특징일런지 모른다.

Ⅲ-3.대지 (Земля)

'대지' 는 도브젠코가 시적 영화인이라는 수식어를 낳게 한 작품이다. 에이젠슈타인의 '전함 포템킨'과 함께 소비에트 시대를 대표하는 가장 중요한 영화로 평가받았을 뿐만 아니라 각종 매체에서 세기가 주목할 10대 영화로 선정되기도 했다.[9] 도브젠코는 모더니스트이지만 동시대 예술인 마르크 샤갈이나 숄렘 알레이햄처럼 민속에도 영감을 발휘, 하여 1930년 이 작품을 완성하였다. 소비에트 감독의 작품으로는 스칸디나비아를 포함한 서구에 처음 소개되었고 호평을 받았다. 특히 이태리에서 그를 20세기 영화계의 호메로스라고 불렀다.

하지만 출시 직후부터 국내에서는 리얼리즘에 대한 반동이라는 논쟁의 중심에 있었다. 제작을 지원하는 정부는 사상의 주입, 교육효과를 기대하기 어려웠다. 소비에트가 행한 농촌정책이라는 소재를 얘기하고 있지만 정치적 메시지 전달이 모호했기 때문이며 표현에 있어 정적이며 추상적이란 지적을 동시에 받았다. 따라서 그의 상징은 왜 채택되었고 기능상 무슨 작용을 했는지 의구심을 갖게 했다. 거기에 민족의 이탈을 허용하지 않았던 분위기에서 민족주의를 조장할 위험성이 있다는 점이다. 이로 인해 키에프 영화학교 출강이 금지되고, 제작지원 중단 등 개인적인 시련만이 아니라 가족들까지 고통이 뒤따랐다.

대지는 장엄한 콘티를 바탕으로 스케일이 큰 작품이다. 기름진 흑토와 물결치듯 한없이 펼쳐진 밀밭, 탐스럽게 익어가는 오곡백과, 초원을 힘차게 질주하는 생명체 등이 인간과 조화를 이루는 이미지의 모자이크와도 같은 작품이다. 대지에 나타나듯이 도브젠코 영상적 스타일은 연상과 감상의 몽타주를 구현한다. 카메라의 움직임은 미미하여 그 반경은 프레임안에 있게 된다. 나레이션의 흐름은 회화적 안목으로 구성된 개별 샷의 편집과 구성으로 진행되어간다. 오프닝은 소프트 포커스를 이용하여 잔잔하고 명상에 잠긴 듯 어떠한 동요도 반영하지 않는다. 대지는 노동자들의 찬양이고 그들은 자연의 일부가 되기위해 노동을 즐기고 그럼으로써 대지에 가까워진다.

그러나 상세하게 되풀이되는 편집과 의도적 구성이 상황을 낯설게 만들기 시작한다. 여느 때와 같은 우크라이나 풍경이 일상적이지 않은 것은 돌연히 정원에 나온 커다란 뱀이 암시한다. 이슬마저 향기로운 밤의 적막 한 가운데에 들려온 갑작스러운 총격은 마을의 행복과 조화를 파괴했다. 농촌은 이기심과 분개의 그림자가 드리워진 공간이 되고 터전을 닦고 살아온 평범한 주민들은 불확실한 존재로 뒤바뀐다.

당시 소비에트 영화에서 트랙터가 첫 번째 울타리를 허물고 농민들이 집단농장으로 돌아가는 장면은 자주 목격된다. 대지는 집단농장이 건설되는 우크라이나 농촌에서 소비에트의 농업정책에 관한 시사적 이슈를 다룬다. 정부의 농업공영화, 집단농장의 건설을 두고 지지와 반대하는 양측 간의 팽팽한 갈등과 긴장에 플롯의 초점은 맞춰있다. 집단 농장화를 찬성하는 소박한 농민들은 내심 자신들도 새로운 삶을 찾을 수 있을까 기대하지만 농민들이 트랙터를 소유했을 때 지주들은 격노한다. 급기야 집산화를 반대하며 적의를 품은 지주는 집단농장이 자신의 재산을 강탈했듯이 소년시절 친구였던 콜호스 젊은 지도자, 바실을 암살한다. 하지만 빈농의 죽음은 마을 사람들의 결단을 더욱 확고히 했을 뿐이다.

두 계층의 적대감정, 집단농장에 대한 찬반양론, 이 모두는 당시 상황을 현실적으로 반영한다. 광활한 곡창지대에서 엄청난 수확량을 자랑하며 유럽의 빵 바구니라고 불렸던 풍요의 우크라이나는 1929년 스탈린이 시행한 급속한 농업 개혁을 달가워하지 않았다. 공영화의 와중 일어난 기근으로 인해 경제는 피폐해지고 수백만이 기아에 있을 때 공영화는 농민들의 엄청난 저항에 부딪쳤다.

대지에서 땅의 독립적인 소유를 고수하는 지주는 자연이 내린 공동 산물에 대한 개인적 집착만이 아니라 대지로부터 동정의 유대를 거스르는 이기적인 존재로 그려진다. 공산화 소식에 지주들은 가축을 농장으로 이동시키기보다는 도축을 서두른다. 반면 관념의 실체로서 협동농장은 고상한 것이며 인간화의 시작이다.

도브젠코는 집단농장화라는 정책 선전의 이미지를 강제하는 대신에 사유화의 숭배와 자연의 공동산물에 대한 믿음을 대비시켰다. 지주는 소작농, 농민들을 차단시켰지만 또한 자신스스로를 인간성으로부터 격리시켰다 테마가 새 영농정책에 따라 단결한 농민과 지주와의 갈등 동시에 사회주의 건설의 정당성 고취, 이 두 가지를 축으로 한다 라는 점은 틀림없다. 이는 선동의 희석이라기보다는 도브젠코 필름이 가지는 설득의 원천이 바로 자연이며 정치적 견해가 아니라는 것을 반증한다.

대지는 또한 농촌 사회의 계급투쟁이 있지만 여기서 그치지 않고 제도적이며 철학적 문제 또한 내포한다. 아버지 페트로는 군중이 주인공이 되는 장례를 부탁한다. 변혁을 싫어했던 보수적 성격의 그가 사제가 집도하는 종교 의식를 거부한 채 참석한 마을사람들에게 새 시대의 노래를 불러주기를 제안한다.

삶을 예찬하면서도 생과 사를 자연의 섭리로 돌리며 이를 기꺼이 수용한다. 과일나무 아래 열매를 놓고 죽어가는 노인의 곁에서 생명을 이어가기라도 하듯 그 열매를 씹는 손자, 바실 그리고 매장에 이은 어머니의 출산은 자연의 회귀처럼 인간 생명의 순환을 보여준다. 이는 동양적 종교관에 입각한 생의 영속적 의미를 포함한다. 작가는 젊은이가 목숨과 같이 사랑한 땅과 다시 하나가 되는 매장 장면에서 탄생과 죽음, 수확, 진보, 연대의 주제를 동시에 암시한다.

Ⅲ. 결어

도브젠코의 소재가 1920년을 전후한 러시아 내전과 20년대 말에서 30년대 초기 집단화를 주요 배경으로 한다는 점에서 소비에트 영화의 전형을 갖추고 말할 수도 있다. 하지만 혁명과 이념을 적극적으로 개도하려는 소비에트작가와는 궤를 달리한다. 작품 전체를 놓고 볼 때 개인적인 것과 사유적인 것에도 많은 부분을 할애하고 계급투쟁을 묘사하지만 원론적인 테마는 땅과 함께 살아가는 농부, 대지와의 조화 그리고 인간 생명의 순환이라는 자연과 하나 되는 영원성을 추구하기 때문이다.

삼부작에서 인간과 흙이 친밀하다는 착상은 혁명적 논쟁을 발전시키는 변증법적 모순을 포함하지만 그의 작품에 선전선동은 보이지 않는다. 강경한 사회주의적 리얼리즘 경향이 나타났을 때 도브젠코는 우크라이나 토속미로 거듭난 시각적 서정주의를 예전처럼 구사하지 못했다. 리얼리즘의 반동, 부르주아적 민족주의라는 논쟁에 휩싸여 스탈린과 당에 충성하는 프로파간다적 다큐멘타리를 강요받을 때도 예술적 제약은 마찬가지였다.

우크라이나 민족의 주체성과 계급의식을 바탕으로 고양된 초국가적 이념과의 협상이란 쉬운 일은 아니었다. 도브젠코의 영화는 막시즘적 정치 색채를 띠지만 민족주의적인 신비감이 있다. 우크라이나에 대한 역사적 경험과 고향마을에 대한 유대감이 언제나 드러난다.

비단 민족주의만이 그의 활동에 발목을 잡은 것은 아니다. 몽타주가 가져온 형식주의라는10) 수식어 역시도 충분한 비난의 근거가 되었다. 따라서 고민은 깊어갔다. 소비에트 영화에 혁신을 일으킨 진보적 영화인이지만 대세였던 몽타주를 앞세운 동료들과는 애초부터 보조를 같이 하지 않았다. 그의 영화적 관심은 가위질로 만들어진 몽타주보다는 카메라의 앵글이 포착하는 자연의 아름다움이었고 포커스는 인간과의 교감에 집중시켰다.

도브젠코의 수작(秀作)에는 언제나 사실과 환상이 넘나든다. 역사적 이상과 정치적 신념이 갈등하며 공존한다. 모던과 민속이 병치되며 또 교차한다. 혁명의 찬양과 더불어 새로운 소비에트식 공동체질서를 우크라이나 전통에 기반을 둔 명예와 유산에 대비시킨다.

그렇지만 영화 사이클의 하나인 변화, 문명, 테크닉 등은 전통에 갖힌 캐릭터들이 수용하고 배워야 할 사회적 질서로 제시한다. '이반' 의 강 하구 거대한 수력발전소, '에어시티'의 척박한 시베리아의 비행기, '대지'의 트랙터가 상징하듯이 신과 구의 충돌을 통하여 전통적 모티브가 현대의 심미적 수단으로 자리매김 할 계기가 만들어진다. 영화가 가져다주는 풍요로움은 이러한 이율배반적 목표들을 조화시켜 영상적 감각으로 빛을 발하게 된다.

예술을 향한 작가의 심미적 고뇌와 당성이라는 이념적 좌표는 끝없이 평행선을 달릴지도 모른다. 정치적 현실과 예술적 가치에서 양자의 적절한 융화는 작품의 존재 이유가 되었고 시대를 풍미한 우크라이나 영화제작자의 정체성이자 끊임없는 임무였던 것이다.

〈요약문〉

아이젠스타인, 푸도프킨과 함께 소비에트시대를 대표하는 우크라이나출신 영화 감독 올렉산드르 도브젠코(Олександр П. Довженко, 1894-1956)와 수작(秀作)으로 널리 평가받고 있는 작품 '이반'을 비롯한 삼부작(즈베니고라, 무기고, 대지)을 소개하고자 한다.

교조주의 비평가들로부터 한때 작가는 모호한 이념적 태도를 구실로 "반혁명"이라는 비판을 받고, 점차 1차 선형적인 나레이션, 낙관적 플롯, 일관된 사건의 연속 등 사회주의적 사실주의에 수렴한다. 하지만 도브젠코는 계급, 초국가, 정치이념 등을 추구한 소비에트의 예술문화 환경 속에서도 민족 정체, 사상, 역사와 민속 등을 기저로 우크라이나적 색채를 잃지 않았으며 무엇보다 서사 공간의 확장 및 강렬한 주제 의식을 완성시킴으로써 특별한 자리를 차지하고 있다.

삼부작에서 볼 수 있는 공통된 특징으로 작가는 이상과 현실이라는 대조적인 미쟝센을 위하여 전통적 모티브를 언제나 모더니즘상의 미학적 매개물과 병치시킨다라는 점이다. 사건 발단의 계기이자 전개의 발화물로써 이질적인 신(新)과 구(舊)는 팽팽한 평행선을 유지하며 대립각을 세운다. 하지만 순환적인 결합으로 거듭나게 되고 급기야 철학적 가치에 이르게 되는데 신과 구, 이 양자는 자연과 더불어 필름의 의미론적 삼각구도를 형성시키는 중요한 축인 것이다.

우크라이나 현대 시문학의 전개

- 세대별 문학 동인을 중심으로 -

우크라이나 현대 시문학의 전개

I. 도입

　19세기 말을 기점으로 한 우크라이나 모더니즘은 기존의 이성적 세계관에 대한 위기와 더불어 서구를 통해 유입된 니체사상의 영향을 받아 탄생한다. 우크라이나 시에 있어서도 이러한 새로운 특징은 먼저 이반 프랑코(I. Франко), 레샤 우크라인카(Л. Українка), 미하일 코츄빈스키(М. Коцюбинський), 바실 스테파닉(В. Стефаник)에 의해 보여진다.

　1896년 발표된 서정적 드라마 '시들어진 잎새'(Зів'яле листя)에서 프랑코는 상처받은 영혼의 고통과 인간적 연민의 정을 집중적으로 조명하게 되는데 비록 작가 자신은 특정 경향에 입각하여 의도적인 창작을 하려하지 않았고 또한 타자에 의해 그렇게 규정되어지기를 거부했지만 훗날 이 드라마를 우크라이나의 문학적 모더니티를 가늠케 하는 시금석으로 평가된다.

　신세기 개막과 함께 동일한 미학적 기반아래에서 다양한 우크라이나 문학 예술가 집단이 등장하게 된다. 먼저 1907년 르비우의 '젊은 여신'(Молода муза)과 1909년 키에프의 '우크라이나의 오막살이'(Українська хата)가 그것이다. 이 두 그룹의 등장은 우크라이나 모더니즘의 서막을 의미하며 초기 상징주의적 성격을 가진다. 젊은 여신 멤버, 루츠키(О. Луцький)가 1907년 작성하고 선언한 팜플렛에서 그런 성격은 어느 정도 드러난다. 역시 선언문에서는 작가들이 "아름다움이라는 창조를 위하여 일상생활과 이상세계로 부터 발생하는 괴리감으로 부터 일찌감치 벗어나서 햇볕 따스한 실념의 계곡으로 도피하기"를 독려하였다.

　우선 '무자'(젊은 여신)에 대한 이해는 19세기 말과 20세기 초의 문학운동과 다양한 경향 그리고 요소들이 현대사상과 상호작용하면서 우크라이나적 토양에 독특한 방법으로 유입된다 라는 사실을 고려해야만 한다. 그들은 이러한 모색에 대한 각자 특유의 행보를 보여준다. 모더니스트 중에서도 첫 번째 세대인 카르만스키의 시는 고통과 절망의 모티브로 가득 차 있고 우주적 차원의 深淵性을 드러내 보이고 있다.

　렙키(Б. Лепкий)는 미에 대한 열망이 지배적인데 시적 자아는 자신의 상태와는 상반되는 이상향의 지점에 위치하고 항상 닿을 수 없는 곳에 아름다움을 갈구하는 구조를 만들어 낸다.[1) 파초프스키(В. Пачовський)는 과거의 잔상이라고 하는 감각적 경험들이 다시 회상을 통하여 끄집어내는데 섬세한 시어와 정제된 구성을 바탕으로 한 기억의 파편들을 조합하는데 정평이 나 있다.

'우크라이나 오막살이'라는 문학잡지를 통하여 함께 활동하게 된 시인들은 '젊은 여신'들의 사상과 어느 정도 동일선상에서 연속되어 있다고 볼 수 있다. 하지만 '오막살이'에 도달하면서 詩作이 풍부해졌고 기호에서도 차이를 드러낸다고 볼 수 있다.

전자의 미학이 보편성에 근거한다면 후자는 민족-심리적 요소가 강조된다. '젊은 여신'은 성서적이며 고전적인 심볼로 대표된다. 문화적으로 비관주의 경향이 짙으며 우주관에 있어서는 초기 모더니즘의 보편적 패러다임에 속하는 모델들과 연속되어 있다.

'우크라이나 오막살이'는 민속적 상징주의의 변형을 통한 심리적인 탐미주의가 그 특징이다. 이런 기법을 구사한 작가는 올레스(O. Олес), 필리안스키(M. Філянський), 추프린카 (Г. Чупринка)등이 있으며 평론에 있어서 미콜라 예브샨, 미키타 스리블랸스키 그리고 안드리 토브카체프스키 등도 여기서 언급할 가치가 있다.

위에서 언급한대로 '젊은 여신'과 '우크라이나 오막살이'를 필두로 시작된 초기 상징주의가 시대와 세대를 거쳐 어떻게 변화되어 우크라이나 현대시 분야를 형성하게 되었는가에 대하여 조명한다. 20년-30년대 신낭만주의와 신고전주의 등 다양한 모더니즘적 사조들의 혼재 양상을 살펴보고 40년대 세계 대전의 혼란한 분위기속에서 문단의 주류로서 이주문학을 알아본다. 50년대에 들어와 기존 문학적 프레임 안에서 자발적으로 조직된 뉴욕그룹의 활동을 살펴보고 이후 소위 토종 우크라이나 60년대 시인들(60세대)의 작품과 사회, 문화적 의의를 고찰한다.

다음으로 탄생한 키에프 세대 혹은 언더그라운드계는 말 그대로 텍스트적인 검열과 정치적 각종 탄압에 시달리게 되는 그룹으로 이를 소위 '긴 겨울의 시인들'로 규정하여 언급해 본다. 체제전환기를 전후로 우크라이나 문단에도 철의 장막이 걷히고 새 바람이 불어오게 되는데 디아스포라와 외국문단과의 접촉을 통하여 자연스럽게 유입된 포스트 모더니즘적 경향을 밝히고자 한다.

II. 현대 우크라이나 시문학의 전개

II-1. 모더니즘의 태동부터 30년대까지

르비우와 키에프를 대표하는 위의 양대 동인이 초기 모더니즘이라 불리는 가장 큰 이유 중 하나는 이들이 구사한 상징이 다양한 스펙트럼을 만들어 내는 양면적 차원에 도달하고 있지 못하기 때문이다. 또한 두 동인들에 의해 시작된 창작의 방향은 비교적 짧은 기간에 이뤄진 것이며 곧바로 1차 대전이라는 후폭풍을 맞게 된다. 거기에다 우크라이나 민족독립이 결실을 보지 못한 배경 또한 한 몫을 차지하였다. 대의를 향한 투쟁의 실패와 여기서 비롯된 역사적 비극은 문학적 관심과 흐름을 다른 방향으로 가져다주게 만들었고 이런 상황에서 우크라이나인들에게 예술을 위한 예술이라는 문자는 금지된 사치와도 진배없는 것이었다.

1920-30년대는 우크라이나에서만 보여지는 몇 가지 특별한 문학적 현상들이 발생하게 된다. 10월 볼세비키 혁명의 결과로서 공산주의 정부가 들어선 동부지방과 폴란드 통치하에 남겨진 서부 지방의 우크라이나 시가 분리된다 라는 점이다. 한편 또 하나 추가되는 갈래로는 프라하와 바르샤바를 중심으로 한 이주문학을 들 수 있다. 이러한 서부 우크라이나 문학계와 이주문학은 자연스레 지역적 근접성과 문화적 유연성 등에서 밀접한 관련이 있다고 하겠다.[2]

주지하는 바대로 당시 이러한 분리는 갑자기 형성된 것은 아니었다. 오스트리아와 러시아에 의해 분단되어 왔던 두 지역은 이 시기에도 문화적 측면에서는 통합의 가능성도 내포돼 있기도 했다. 1917-1920년 양 진영간 전쟁이 종식될 무렵부터 두 지역은 친선관계를 형성했다. 러시아군의 일부로 많은 우크라이나인들이 서부 우크라이나의 갈리치아에서 머물렀고 특히 우크라이나 갈리치아 지역 소총사단 부대원들(Січові Стрільці)중에는 동부 지역의 독립을 돕는 시인들이 있었다. 갈리치아와 키에프 시인들 간의 접촉은 양측 문학의 활성화에 기여했다. 심지어 우크라이나인 독립기간 1917년-1919년 사이에 문학적 활동은 급격히 발전하였고 문학과 예술을 지향하는 젊은이들이 키에프에 모여 일련의 문학 동호회를 형성하였다.

문학발전에 중요한 역할을 수행한 단체로는 상징주의자와 미래주의자들이 연합하여 1918년 조직한 무자헷(Музагет)을 꼽을 수 있다. 그룹은 비록 시간이 지나면서 분열되었지만 볼셰비키 정권아래에서 사회주의 플랫폼에 따른 문학적 의식이 강요되었을 때 이에 굴하지 않고 20년대 문학을 통한 민족부흥을 위한 토대를 닦았다. 또한 신고전주의자들과 함께 그들만의 예술사상과 유럽 문학의 흐름을 놓치지 않으려 했다.

여기서 돋보이는 시인은 티치나(П. Тичина)였다. 그는 기존 트랜드와 상징주의와 결별하고 창의적인 작품을 선보였다. 사실상 활동이 1924년 마감되었음에도 불구하고 20세기 우크라이나 문학에 상당한 업적을 이뤄냈다. 당시 사회를 풍미한 패러디 작가였으며 볼셰비키 시대와 적대적이지 않아 당이 표방하는 이념들의 대표적 슬로건을 만들어낸 장본인이었다. 그는 주로 전쟁과 기근, 잔악함으로 가득 차 평화롭지 못한 세계에서 평화의 갈증을 호소하였다. 우크라이나 인들에게 애송되는 '슬픈 어머니'(Скорбна мати), ' 금빛 속삭임 '(Золотий гомін) 등에서는 마치 낭만주의 문학을 재현하는 듯하다. 세계 역사의 교차로 에서 비극의 희생양이 된 우크라이나의 운명을 상징화하고 있으며 구체적으로 부활 사상이 승화되어 있다.

상징주의 외에 다른 경향으로서 신고전주의, 미래주의, 신낭만주의 등은 비록 연관성이 희박함에도 불구하고 널리 유행되었다. 신고전주의와 미래주의는 서로 반대적 속성이 있는 반면에 같은 시대를 상호 보완해주며 때로는 유사한 기능을 수행했다. 신고전주의가 문화적 전통을 의미하는 이미지와 모티브를 추구하는 반면 미래주의는 전통을 거부하며 시어를 희석, 조작하여 과학과 기술의 언어를 결합한 메타예술로 발전하였다. 하지만 화해, 절충할 수 없게 보이는 양자가 오히려 농민과 노동자계급을 문학으로 불러 모으는 역할과 대중화를 가져 왔다.

제롭프 (М. Зеров), 릴스키(М. Рильський), 필립포비츠(П. Филипович), 브르하르트(О. Бургардт) 등 신고전주의자들은 우크라이나문학에서 시어를 한 차원 격상시킨 시인들이다. 제롭프의 시적 화제는 고대기, 고전시기를 통하여 그가 이전 시대의 경험들을 오늘날 현실 속에 반영하고자 하는 작가적 욕구를 가늠케 한다. 이런 미적 이상세계는 강요된 현실과는 정반대의 삶을 꿈꿔왔다는 점이 시로 반증 된다고 볼 수 있다.[3]

릴스키가 정의한 '문화의 개념이 20세기 다른 주요한 표상에 대한 미학적 우선권을 결정한다' 는 주장과 다른 관점에서 그의 문학적 활동 및 문화적 동기는 더욱 개인적이었으며 때로는 신고전주의와는 대립되어 있었다. 그의 시에서 쾌락과 여가의 모티브는 현재적 상황에서 비롯된 가시지 않는 불안과도 연관 되어 있다. 격조 높은 예술 감각은 전제정권하 어두운 시기에 서광이 비추도록 작용하지 못했다. 오히려 시문학에 대한 학대에 저항하는 유일한 방법은 신고전주의를 다양한 방법으로 고려하는 일이었다.

위와 유사한 기능을 반대 방향에서 수행했던 미래주의는 어떠한 방향도 무시한 채 절대 규칙을 넘어 자유를 창조하는 시를 만들어냈다. 여기에는 세멘코(M. Семенко)와 쉬크루픠(Г. Шкурупій)가 있다. 야노프스키, 바잔, 블리즈코 등도 다소 이런 풍조에 부합한다. 하지만 우크라이나 신고전주의와 미래주의를 대표했던 제로프와 비교적 체재 순응적이었던 쉬크루픠 모두 아이러니컬하게도 스탈린 강제수용소에서 최후를 맞는다.

신낭만주의의 운명도 전체를 놓고 볼 때 이전 우크라이나 낭만주의처럼 비극적인 일면을 보인다. 사랑과 미를 기초로 세상을 혁명적으로 재건하리라는 환상을 가진 신낭만주의자들의 작품은 스타일상으로는 그다지 순수하지 않았다. 그들이 구사한 문화적 도구들은 미스터리했으며 미래파의 소리효과, 도시적 자화상 등 잠재적으로 상징주의의 전형과도 유사했다. 애초부터 신낭만주의자들은 꿈과 현실의 괴리감을 충분히 인식했고 여기서 빚어진 충돌을 각기 다른 방법으로 표현했다.

신낭만주의자들의 주요 모티브의 하나는 분열정신이다. 티치나의 심볼이 드러내는 내부 갈등이 그러하며 블라디미르 소슈라 (В. Сосюра)가 "내 마음은 내부 플롯을 통하여 소통하기도 하지만 둘로 쪼개져도 있다 "라고 밝혔듯이 말이다. 바잔 역시 '마음의 대화'라는 글에서 한 인간이 위선과 순응이라는 추한 그림자를 어떻게 스스로 제거하고 있는가 라는 대조적 모습을 극명하게 보여 주고 있는 것처럼 말이다. 스비진스키(В. Свідзінський), 플루즈닉(Є. Плужник), 팔키브스키 (Д. Фальківський)의 세계관은 여기와는 상반되게 실존주의적 성격을 가진다. 고통의 상처가 작가내부에 갇혀 깊숙이 매장되어있으며 영혼 자체가 세상을 더욱 비극으로 치닫게 만든다.

전제정권하에 이런 자유스런 '분열'은 더 이상 용납되지 않았고 낙관주의가 공식적으로 요구되었다. 1930년 초 문학적 방법론인 사회주의적 사실주의의 목적은 순수 이데올로기로서 문학적 기능을 되도록 축소시키는데 있다. 당시 대다수 역량 있는 작가들은 탄압받았고 숙청되었으며 생존자들은 작가로서 이미 생명력을 잃고 말았다. 체재전환까지 반세기가 넘게 문학은 정치시스템에 갇혀 억압되었다. 심지어 암시와 은유의 언어로만 작가와 무엇인가에 소통할 수 있었고 만약 그렇지 않다면 작가는 이미 죄수가 되었다. 역사자체가 폐기 불가능하듯 이런 문학사도 버려질 수는 없는 것이다.

우크라이나 동, 서의 현대 문학의 교류를 얘기할 때 1920년대 소비에트 우크라이나와 폴란드 즈브루흐강 접경지역은 언급돼야 한다. 동부의 신고전주의, 상징주의, 미래주의, 신낭만주의자들의 시는 서부 시인들의 창조적인 분위기에 영향을 미쳤다. 예로 동인, 무투사(Мытуса)는 어느 정도 동부의 무사헷과 흡사하다. 무투샤는 우크라이나 고대문학 연대기에 나오는 음유시인의 이름을 따서 명명하였다. 1922년 결성된 이 동인은 민족 독립투쟁에 참가한 시치 소총부대의 젊은 시인들로 주축을 이뤘다. 동인의 멤버이자 부대원이었던 보빈스키(В. Бобинський), 바비 (О. Бабій), 쿱친스키(Р. Купчинський) 등은 상징기법을 통한 민속적 소재를 사용하여 독창적인 서사시를 창작했다

하지만 1930년대 상황은 극적으로 전환되었다. 서부 우크라이나와 망명시가 동부지역의 시적 경향들을 역전시켰다. 갈리치아의 무투사가 해체되고 두개의 문학그룹 '로고스'와 '11월' 이 탄생하였는데 이들은 기독교적이면서도 민족주의자적 성향의 시인들로 구성되었다. 이들 중 돋보이는 시인 크라프추프 (Б. Кравців)는 낭만적 여행이라는 모티브를 사용, 티치나와 릴스키적 스타일을 보여준다. '변덕쟁이' 를 창립한 호딘스키에는 특성상 교회 및 성서적 요소가 있다. 그렇지만 이런 경향의 원조는 역시 이 시기 두각을 나타낸 시인인 안토니츠에게서 그 명확한 원류를 찾을 수 있다. 비록 짧은 생애를 살았지만 그는 철학적인 개념을 시에 투영한 독창적인 작가였다. 그가 창조한 신비스러운 고대 마을은 이교도의 시각에서 우크라이나 조상들의 삶을 그려내고 있다. 원시 카오스적인 혼돈이 있으며 최후 심판의 날에 불어지는 트럼펫 등 기념비적 장면과 때로는 영적으로 정화된 생명주의 철학 등의 성서적 이미지로 가득 차 있다.

Ⅱ-2. 대전 전후부터 60년대까지

이주문학에 있어서 훗날 프라하학파로 명명된 그룹에 고유한 예술현상이 일어났다. 다라한(Ю. Дараган), 스테파노비츠(О. Стефанович), 말라뉵(Є. Маланюк), 리아투린스카(О. Лятуринська), 리파(Ю. Липа), 마주렌코(Г. Мазуренко) 등이 그들이다. 이 학파의 기본 세계관은 역사철학이다. 이것은 본래 조국 독립을 위한 전투에서 패배하여 타국에서 살고 있는 자신들의 처지에서 유래한 개념이지만 고난과 영광의 모티브 모두를 기저로 하고 있다. 이들의 화제는 암울한 현재적 상황과 찬란한 고대 키에프 루시왕국과의 교차로서 조국과 황금기를 갈망하는 의지의 표현이며 자유의지 원칙에 입각한 민족 재생에 대한 신념을 주제로 한다.

양차 대전기 이주문학에는 말라뉵(Є. Маланюк)이 중심에 있는데 민족 부활에 대한 이상이 현세의 마돈나와 대평원 그리스(Hellas)를 통하여 상징적 이미지로서 의인화되어있다. 광야의 마돈나는 새로운 메시아를 탄생시킬 마리아 이자 한편으로 압제자 졸개의 어머니이기도 하다. 그리스의 계승자, 마돈나는 그리스의 미를 물려받았지만 결국 이웃에게 배상할 국가적 보물인 청동을 잃어버리고 만다.

리아투린스카와 스테파노비츠 역시 이런 역사철학의 배경 하에 고대 슬라브 민족적 상징을 끌어드린다. 리비츠카-홀로드나의 상징은 에로틱한 면으로 전개되고 있으며 올주흐는 시간의 정체를 마치 고대 지질연대의 곤충이 호박 안에서 보석으로 표본화되듯 시간의 일면을 포착, 정체시키며 영원히 표본화하려는 시도를 하고 있다. 프라하의 시적 창조활동은 1920년대 시세계에서 보편화되었다. 하지만 서유럽 모더니스트들의 시와 접하면서 이웃한 폴란드와 체코와의 교류는 점차 축소되었다. 아마도 이것은 다른 슬라브 국가에 대한 관심일 것이며 또한 유럽화를 지향한 원인일 것이다. 여하튼 전 소비에트 시인 동인 10월의 멤버이자 파리로 이주한 젊은 작가 겸 화가였던 흐멜뉵은 당시 프라하와 바르샤바의 문학적, 예술적 분위기에 상당한 영향력을 끼친 것으로 평가된다.[4]

이후 시기 우크라이나 시문학의 발전은 미래의 운명을 결정했던 역사적 사건들과 연관되어 있다. 2차대전기에 이데올로기적 압박은 다소 느슨해졌는데 이는 점령한 나찌와 대항하기 위하여 오히려 민족적 이념을 강화하려는 의도가 있었다. 소비에트 통치시절 티치나(П. Тичина), 릴스키(М. Рильський), 말루쉬코(А. Малишко)등이 창조적 활동을 하게 된 요인이었다. 이들 모두는 1930년대 압박을 피해 우크라이나에서 탈출하였다.

그러나 몇몇 작가들은 나찌에 의해 쪼개진 우크라이나 국경지대 르비우로 정착하게 되고 독일점령에도 불구하고 작가동맹을 결성하여 문학잡지 '우리 시대'(Наші дні)를 발간하였다. 이후 소비에트가 점령하기 직전 이 도시를 떠난 작가들과 이미 프라하와 바르샤바에 이주한 작가들이 추방당한 사람들을 위하여 서독에 캠프를 조성하고 이를 근거지로 '우크라이나 예술 운동'(Мистецький український рух) 이하 '무르'라는 조직체를 만들었다. 1940년대까지 이들의 활동은 지속되었다. 비록 길지 않았지만 훗날 우크라이나문학 발전에 있어 매우 중요한 시기이다. 여기 발기인이었던 삼축(У. Самчук)과 쉐레흐-쉐벨로프(Ю. Шевельов-Шерех)는 전제정권의 기간 동안 정신계발의 근원지로 우크라이나를 대표할 위대한 문학의 창조를 목적으로 했다. 비록 이런 최고의 이상은 환상으로 돌아갔지만 아무튼 문학은 창조되었고 이런 정신으로 문학을 만드는 과정은 중단되지 않았던 것이 사실이다.

이 시기 바르카(В. Барка), 오스마흐카(Т. Осьмачка), 오레스트(М. Орест)가 활동했다는 근거는 명확하다. 이들은 전임자들의 전통을 계승, 확장시켰으며 동시에 문학 발전에 토대를 마련했다. 또한 쉐레흐는 민족개념에 유기체적 논리를 형성시켰다.

이주가 본격화되고 10년 뒤 혼돈의 상황에서도 시 창작에 있어 새로운 방법론에 대한 필요와 논의가 있을 때 기존 우크라이나작가연합은 '말'이라고 하는 잡지를 창간했다. 구세대 대표자들과 전통시를 고수해왔던 젊은 지지자들은 차츰 뉴욕그룹을 형성하였다. 이는 미국과 서유럽 모더니즘적 미학을 지향하였다. 안디에프스키(Е. Андієвська), 보브크(В. Вовк), 보이축(Б. Бойчук), 룹착(Б. Рубчак), 타르나프스키(Ю. Тарнавський), 쿨루나(П. Килина), 바실키프스카(Ж. Васильківська)등이 포함된다. '말'이라고 하는 프레임 안에서 이들은 반대파를 형성하는데 그쳤다. 이는 조직체는 아니었으며 행동으로서 문학이라는 관계와 일종의 공통된 관심사로부터 비롯된 것이지 특정사항을 지양하거나 전통과 책임에 의하여 정체가 설정되어지는 것은 아니다.

나중에 스타일에 있어서 특정한 경향을 채택해야 되었을 때 —비록 이러한 태도를 시에 대한 이념적 방향이라고 거부했고 속임수를 위한 가면이라고 회피하였지만— 결국 프라하학파의 멤버들처럼 바로 순수 미적 슬로건을 지지하였고 이는 어떤 정도 이전 '젊은 여신'과 부합했으며 이를 계승했다.

라브리넨코(Ю. Лавріненко), 바르카(В. Барка), 레시츠(В. Лесич), 주에프스키(О. Зуєвський)와 같은 구세대 시인들이 문학적 범위 내에 지지자들을 갖지 못했다는 것은 잘못된 것이다. 뉴욕그룹의 등장은 완전히 자연스러운 현상이었다. 이들 지식인들은 유럽과 미국식 분위기를 형성하고 서구 문학 환경에 따른 사상과 형식에 의해 창작이 이뤄내고자 열망했다. 그러는 동안 시인들은 자신들만의 창작에 대한 비전을 제시하게 되는데 단지 타르나프스키만이 시적 문체를 체계화했고 급진적 모더니스트라고 여겨졌다. 이외에는 민족적 요소를 끊임없이 잡아당기거나 혹은 거부하는 수준에서 거론할 수 있다. 안디예프스카의 예술적 성과로는 같은 음운 안에서 다른 의미의 두개 단어를 사용하는 특색이 있었고 루브착 시의 감상적 자아는 자연과 문명 사이에서 고통 받는 모습으로 표현했다.

보브크(Віра Вовк)의 중요한 이미지는 미로인데 이는 인간 운명의 상징이자 특히 낯선 것으로부터 자신 스스로가 정착되지 못하는 이민자의 운명이다. 뉴욕그룹 모든 멤버의 특징은 다수가 심리적인 자동기술법에 기초로 창작했다는 점다. 특히 쿨리나와 보이축이 시공의 혼합과 관계라는 사슬 속에서 각 요소들이 의식적으로 생략되거나 축소 혹은 확장되었다.

우크라이나 문학의 하나의 현상으로서 '뉴욕그룹'(Нью-Йоркці)은 20세기 후반 우크라이나문학계에서 가장 널리 대중성을 확보했던 토종 60년대 시인 그룹과 동시에 발생한 현상은 아니었다. 전자는 50년대 시인들로 불려지기도 하는데 60년대 젊은 작가들은 해외 실정과 외국 작가들에 문외했지만 오히려 이전의 뉴욕파들은 철의 장막 뒤에 무슨 일이 벌어지고 있다는 걸 이미 간파한 상황이었다.

비록 후자가 후반부에 접어들면서 좀 다른 성향을 드러내기도 했지만 새로운 방법에 대한 모색과 지향하려는 태도는 공히 양자가 흡사하다. 뉴욕그룹이 경향성과 전통에 반대하는 반면에 60년대의 혁신이라는 측면은 전통이 끊어진 연결

고리에 대한 재구성을 포함하며 개인의 선택적 문제에 있어서 실존적 권리에 바탕을 둔 미학적 모델을 창조하는데 기초로 한다.

개개인의 스타일이 매우 다르기는 하지만 파블리츠코(Д. Павличко), 코스텐코(Л. Костенко), 시모넨코(В. Симоненко), 드라치(I. Драч), 빈흐라노프스키(М.Вінграновський)의 시는 미학 시스템이란 법칙 안에서 그 공식을 거부하려는 자세가 엿보인다. 코스텐코는 특히 행동을 위하여 말에 대한 도덕적 책임을 주장하면서 장애물에 대한 양자택일적 태도를 거부한 작가이기도 했다. 스투스(В.Стус)와 칼리넷츠(I. Калинець)는 이런 현상으로써 저항자적인 경향이 매우 강하다.[5]

60년대 작가들은 미학적으로 형식과 방법에 있어 광범위한 특징을 보인다. 스모넨코는 깨끗하고 투명한 비유적 묘사로부터 드라치의 복잡한 연상에 이르기까지, 코스텐코의 경구를 통한 내부 논리적 플롯에서부터 빈흐라노프스키의 심리—민속적 기법에까지 파블리츠코의 표준형식을 고수하려는 경향에서 부터 루축이 구사한 불규칙한 음운시까지 매우 다양하다.

또 하나 뉴욕그룹과 다른 60년대의 특징은 정권에 반대하여 광범위한 사회적, 문화적 연속운동의 한 부분이었던 반면에 뉴욕은 내재영역이라는 언어적 틀 안에서 자신들을 표현했다. 이것이 뉴욕이 키에프학파을 대표하는 시인(호로보로트코, 보로비요프, 코르둔, 쿠리안, 사첸코)들과 더욱 공통점을 공유하고 있는 것이다.

Ⅱ-3. 70년대부터 80년대까지

키에프 학파는 60년대 말부터 창작하기 시작했지만 20년 동안 침묵했다. 그들의 잠재적 재능을 구체화시킬 시간이 아니었다. 이것이 단지 이유였다. 각 세대가 자기 옷을 입지 않으면 자연스럽지 않듯 나름대로의 자신의 시간과 장소가 있는 법이다. 이들의 두 번째 데뷔는 1980년대 중반에서야 이르게 되었다. 다시 말하면 키에프학파는 전제정권하 우크라이나 사회를 반영시키는 일면이다. 이때는 헤라시뮥(В. Герасим'юк), 리마룩(I. Римарук), 말코비츠(I. Малкович), 안드호비츠(Ю. Андрухович), 네보락(В. Неборак) 등 주목할 만한 시인들의 등단과 일치했다. 이 세대는 언어에 견고한 바탕을 둔 언어학적 세대라고 불려진다. 왜냐하면 상투적인 작업을 거부하고 아이러니적 특징을 나타냈으며 어휘, 사운드, 음운을 효과적으로 운용했다. 그리고 무엇보다 자기만족을 위한 창작에 몰두했다.[6]

60년대와 80년대 사이 공간으로 남게 되는 시기는 소위 '잃어버린 세대' 로 명명된다. 여기서는 2가지 부류가 나뉘어지는데 언더그라운드와 연금술사가 그것이다. 이들은 공식적으로 등록된 출판사에서 작품을 발표하지 않았기에 "긴 겨울의 시인들" 이라고도 불린다. 문학적 자유를 보존하고 검열을 피하고자 '일종의 문학 연감'을 통해서만 작품을 발표하였다.

이것이 서방으로부터 지원을 받는 소위 '정치적 반동그룹' 과 구별되는 하나의 특징이 일 수 있다. 언더그라운드계의 대표자로는 추바이(Г. Чубай)와 리쉐하(О. Лишега)가 있으며 여기에 키에프 학파의 몇몇이 추가된다. 우크라이나의 독자문화에 호의적이지 않던 시기에도 불구하고 70년대 중반 글쓰기를 시작한 시인들을 관례적으로 연금술사로 분류한다. 드러내기보다 침묵의 저편에서 신비스럽게 밀봉되어 자신 스스로의 언어로만 묻혀버릴 가능성이 있었던 시인 (자툴루비테르, 빌로체르키베츠, 타란)들이 여기에 속한다.

1980년 말과 특히 90년대 초 우크라이나작가들과 디아스포라 시인들 사이에 접촉이 있게 되었다. 전자가 후자에게 다가가려 했지만 사실 양자는 서로에게 보완되는 일면이 있었다. 폴란드, 체코로부터 루마니아와의 교류도 같은 맥락에서 찾아 볼 수 있다. 이들 중 슬로바키아 프레쇼프 출신의 호스티니악 (С. Гостиняк)은 품격 높은 시적 예술을 선보였다. 캐나다의 차룬닉 (М. Царинник), 벨기에의 보보발 (Р. Бобовал), 미국의 레바코비츠 (М. Ревакович), 폴란드의 카라보비츠(Т. Каравович) 등도 이러한 사례에 속한다.

이 시기에는 점차 사회적 변화, 자유화가 문화 전반에 강력한 영향력을 끼치게 되었다. 1985년 이후 페레스트로이카의 정책 아래에서 체재의 변화는 문학적 패러다임의 전환을 가속화시켰다. 사회주의 리얼리즘을 핵심으로 하는 소비에트문학의 준칙은 이제 실체를 잃고 다시 이전 세기말 분위기를 연상시키는 듯하게 여러 유파와 자유가 공존하며 문학의 다양성을 가져왔다. 그간 소비에트 문학 전통과는 달리 정치적 바람이 문학에 긍정적 요인으로 작용하였으며 작가들의 재능은 빛이 났다. 개인적 체험과 자전적 요소가 더욱 중시되는 동시에 환경적으로 상업화에 따른 대중문화화의 전조가 드리워지기 시작했다.

이 시기 대중문화는 크게 두 가지 부류로 나눠진다.[7] 하나는 순수 국내식 포퓰리즘이고 다른 하나는 미국식 코스모폴리탄이다. 첫 번째 패러다임은 역사의 이상화, 농촌과 농경사회, 도덕, 종교 등이 바탕을 이루며 문체상 전설, 민요, 성경을 모방하는 경향이 있다. 이는 사회적이며 젠더적 행동규범과 체계의 근간을 제시한다. 내부적이며 지역적이며 민족적인 것은 긍정적인 반면 외부체계적인 것은 악을 대변한다. 숭고함의 중심에 국가가 자리하며 그 안의 우크라이나인 역시 결백의 표상이다.

두 번째 패러다임은 우크라이나뿐만 아니라 구 소비에트 사회 안에서 빠르게 광범위한 독자층을 확보한 서구 모델식 대중문화의 현상으로 섹스와 폭력을 고무시키는 범주라 볼 수 있다. 일상의 폭력과 야만성, 내적 파괴적인 힘의 분출 등을 주로 묘사한다.[8]

이제 문화적 논쟁은 그 어느 때보다 복잡하고 다음향적으로 탈바꿈되어 포스트 모더니즘의 담론적 특성이 거론되기에 이르렀다. 텍스트의 해체, 패러디측면에서 전통의 다시 읽기, 파토스적인 톤의 거부 등이 일어나 부-바-부(Бу-Ба-Бу),[9] 목초지 과수원(Лугосад), 분실된 증명서(Пропала грамота)와 같은 문학 퍼포먼스 그룹에서 구현되었다.

시와 연극, 록음악을 혼합한 카니발적 성격의 '부-바-부'는 젊은 지식인들 사이에서 큰 인기를 끌었다. 이들은 변형된 詩作을 통해 문학의 활성화에 기여했다. 안드루크비츠, 네보락, 이르바네츠, 이 세 사람의 시집이기도 한 '부-바-부'는 의성어, 역설, 풍자의 조합이다. 안드루코비츠는 우크라이나 사회의 적나라한 묘사와 함께 정체성에 대한 탐구를 시도하고 나아가 정치적 성향까지 띠기도 해 큰 반향을 불러 일으켰다. 이후 그는 소설 분야로 전향했고 이르마네츠는 드라마로 그리고 고전 문학작품의 분석에 탁월한 감각을 가진 '리브네'(Рівне)의 저자, 네보락은 참여했던 '고리'에서 더 이상 활동을 하지 않고 르비우의 다른 문학단체에서 활동을 계속했다. 여타 그룹들에서도 유사하게 멤버들의 결성과 해체의 반복적인 상황이 목도된다.

Ⅲ. 결어

우크라이나 모더니즘의 기류는 니체의 생철학과 이성적 세계관의 위기를 반영하며 1896년 이반 프랑코의 서정적 드라마 '시들어진 잎새 '(Зів'яле листя)로부터 그 전조가 드리워졌다.

문학과 미술의 예술가 동인에서 탄생한 초기 상징주의는 20-30년대 우크라이나에서 동부와 서부 그리고 해외라고 하는 세 부류의 창작집단과 특수한 문학적 현상들을 낳았다. 바로 동인, '무사헷'(Музагет)과 '무투사'(Мутуса)간의 교류는 동과 서, 양진영의 문학발전의 초석이었으며 이후 1930년대 서부의 '로호스'(Логос)와 '11월'(Листопад)의 등장은 문학적 주도권이 점차 동부에서 서부로 이동하고 있음을 보여주었다.

1940년대에는 전쟁의 와중 독일에서 창립한 우크라이나예술운동 '무르'의 활동이 돋보인다. 비교적 길지 않은 시간이지만 문학 발전의 초석을 이뤘으며 삼축과 쉐레흐라는 중심작가를 낳게 했다. 대전을 거쳐 기존 경향성과 전통을 반대하며 출현한 '뉴욕그룹'(Нью-Йоркці)과 실존적 권리를 앞세운 '60세대 시인'(Шістдесятники)들의 미학적 모델은 각기 다르게 창조되었다. 하지만 두 그룹 모두 당시 새로운 문학적 방법을 모색하려는 시도들은 상호 공통된 과제에서 출발하였다.

우크라이나 문학에서 60세대 세대의 활동은 비단 텍스트를 넘어서는 광범위한 사회적, 문화적 연속운동의 일환이었음을 기억할 필요가 있다. 정부는 이 시기 대대적으로 반체제파를 숙청하고 문학과 문화에 대한 일제 정리와 단속을 시행한다. 60년대 말 데뷔했지만 20년 기간 동안 침묵하고 다시 80년대에야 공식적으로 문단으로 나온 '잃어버린 세대'(Втрачене покоління)들의 자화상은 당시 전제정권하 여러 가지 시스템적인 제약과 상황 등에 대한 단면이다.

80년대 후반 작가들은 소비에트적 굴레와 문학의 전통적 타부를 집어던지고 창작의 자유를 점차 실현하기에 이른다. 소비에트 체재 아래에서 고통 받은 대부분의 작가들은 회복되었고 그들의 작품은 재출간되기에 이른다. 해외에 거주한 반 체재작가들의 서적들이 국내로 유입되어 역으로 발행되었다. 우크라이나어의 현대화 작업이 진행되었으며 오히려 봇물처럼 터진 출판이 사회적, 정치적, 문화적 논란을 야기시키기도 했다.

　동시에 우크라이나 작가들은 디아스포라 시인들 사이의 접촉을 하게 되면서 문학은 대중 문화적 트렌드에 따랐고 서구적 경향으로 치달았다. 포스트모더니즘의 담론적 특성을 보이는 다양한 그룹이 나오게 되는데 이들은 전통에 대한 각색, 텍스트의 해체, 패러디 등을 구사하고 이러면서 90년대 초 문학은 매스로부터 개인적 아이텐티티로의 이동을 확실히 드러냈다. 국가는 더 이상 예술적 상상을 억압할 힘이 없었고 독자는 자신들의 욕구와 구미에 반응한 방대하면서도 자유로운 테마를 경험하게 되었다. 독립과 검열로 부터의 해방 그리고 전 세계의 이목이 집중되었던 오렌지 혁명은 우크라이나문학이 풍부하고 다양한 문학적 자유를 구가하는 긍정적 신호탄으로 작용하였다.

　미래의 우크라이나 시문학은 어떻게 전개되고 발전될 것인가? 라는 하는 예측은 마치 신화학자들이 현재의 범주를 통하여 영원이라는 진리의 명제를 인식하고 거기에 도달하듯이 문학연구의 경우에서도 쉽지만은 않다.

　하지만 분명한 건 지난 세기 우크라이나 문학이 앞에서 살펴본 바와 같이 창작의 산고를 겪으며 문화적으로 유럽화로 한발 더 나아갔으며 다양한 국가로부터 정치적 압박에도 불구하고 발전을 거듭하며 정체성을 형성하게 만든 중요한 단초라는 사실이다. 시인, 작가, 지식인을 중심으로 지속적인 우크라이나어의 공용어화, 지위향상, 출판물의 증대 등을 추진하여 20세기 들어서만도 또 다른 의미의 세 차례 우크라이나화라는 민족운동을 주도한 것처럼 말이다.

　20년대, 60년대, 80년대와 같이 우크라이나 시문학은 앞으로도 미학적이며 예술적 항로를 따라 그 점진적 항해를 해나감과 동시에 민족과 국가의 존재를 드러내는 신념과도 같은 선언일 것이라는 점에 의심의 여지가 없다. 마치 오랜 과거에서 보여지 듯 이를 다시금 반추해보는 과정에서 더욱 그렇다.

〈요약문〉

　　20세기의 시문학은 모더니즘의 세계이다. 문학은 다양해지고 더 복잡해지는데 특히 시에서는 주관적이며 개인적 모티브를 사용하여 형식이라는 구조와 완성에도 관심을 기울였다. 마찬가지로 우크라이나 시문학에서도 이러한 경향은 모더니즘, 데카당스, 상징주의, 신낭만주의, 미래주의 등 여러 이름으로 붙여져 형성되었다.

　　먼저 모더니즘의 태동부터 양차 대전기와 60-70년대를 거쳐 체재전환을 전후로 한 전반적인 우크라이나 현대시의 변화양상과 흐름을 살펴보았다. 다른 여타 쟝르보다 우크라이나의 시는 무엇보다 당대 직면한 사회상을 깊숙이 반영하고 있다. 한때 문단의 보편성을 주도한 이주문학이 그러하며 서독을 근거로 활동했던 '무르' (우크라이나 예술운동; Мистецький український рух)가 이를 대변한다.

　　유럽과 미주의 모더니즘적 미학을 모델로 50년대를 구가한 '뉴욕그룹'(Нью-Йоркці)과는 대조되게 토종 우크라이나 시적 경향을 고수한 '60세대 시인'(Шістдесятники)들의 반 체재 저항정신 또한 그러하다.

　　사회주의체재에서 고통 받은 세대와는 다르게 이제 오늘날 문학, 문화적 논쟁은 비할 데 없이 복잡하고 다음향적이다. 포스트 모더니즘시대에 고전은 더 이상 유효하지도 존재하지도 않게 된다. 특히 서구모델과 트랜드를 기반한 대중문화적 현상이 강력히 밀려왔다. 우크라이나 문학도 예외는 아니어서 예술적이고 미학적 발전을 거듭한 문학이 시대와 세대를 통하여 여러 형태로 완결과 변이를 거듭하지만 80년대까지 우크라이나 현대시문학에 드러나는 민족과 국가에 대한 선언, 다시 말해 문학의 사회적 역할은 그 어떤 해외문학과는 또 다른 형태로 뚜렷이 차별화된다.

각주

〉〉 1장 각주

1) 강경화(1999) 28-29.

2) G. Grabowicz (1981)101 과거 우크라이나 문학은 대체적으로 러시아문학과의 경계선에서 함몰되어 있었다. 고대 키에프 문학전체가 그러하고 대표적으로 프로코포비츠가 그러하고 고골이 그러하다. 한편 대체적으로 서방에서 우크라이나 문학에 대한 인식과 연구는 선입견으로 인하여 종전과 차별화시키지 않고 정체된 상태로 머물러 있었으며 현상을 단순화시켜버리는 상황이었다.

3) 김영한 외(1984) 542.

4) 드미트리 치제프스키 (1984) 272.

5) 권영민(2009) 22.

6) G. Grabowicz (1981) 95.

7) Д. Чижевський (1956a) 266-279, 빌리나(Билина)라는 형태의 지방 세속문학은 오랜 세월 전해 내려온 구전서사시의 영향을 받아 계승되었다. 이후 시기 몽골, 타타르, 게르만기사단과의 전투를 기념한 일대기, 원정기, 황폐기, 멸망기 등 서사이야기들은 키에프의 영향을 받아왔는데 그 예로 대표적인 '자돈시치나'(Задонщина)는 '이호르 원정기'의 완전한 아류작이다.

8) 블라디미르 대공에 의해 키에프 중심의 권력이 강화되고 야로슬라브 현공 통치기에 최고 법전이 편찬되는 등 최전성기를 맞게 된다 하지만 1054년 현공의 사망한 후 권력다툼이 벌어지고 영토가 분령되면서 권력의 중심지였던 키에프는 차츰 제 모습을 잃어 가게 된다. 이길주 (1991)33-35

9) 키에프 대공 블라지미르 사후 일어난 공후들(스뱌토폴크,야로슬라브, 보리스와 글렙, 스뱌토슬라프 등)간의 왕권다툼을 주로 그리고 있다. 비록 객관적이고, 역사적 사실이라고 받아들이기엔 의견이 분분하나 루시 당시 정치상황에 관한 유일한 역사적 기록으로 가치가 있다. 형제들을 살해하거나 키에프에서 내쫓아내고 정권을 가로챈 야로슬라브의 행동이 도덕적으로나 사회적으로 비난받아 마땅하지만 다분히 권력이라는 정치적인 시각으로써 정당화시키고 있다. 이 밖에도 슬라브 고래의 민간설화, 신구약 성서, 성인전, 설교집, 키에프 초기 종군기, 수도원 창립, 콘스탄티노플원정 등 다양하다. В. Пашуто (1968) 57

10) 적장의 딸과 혼약을 맺고 귀환한 아들, 민중의 재난을 초래한 제(諸)공간의 내분, 왕년에 있었던 회전(會戰)과의 대비 등 여러 플롯과 비교적 다이내믹한 사건들로 구성되었다. 특히 아내 야로슬라브나가 자연을 향해 자신의 운명을 한탄

하고 남편의 구원을 갈구하는 애절하면서도 절박한 서정적 표현은 작자로 추정
되어지는 음유시인, 보얀(Боян)의 높은 문학적 기법이 드러난다.

11) 'Система литературных жанров Древней Руси', 'Зарождение и разви
тие жанров древнерусской литературы'

12) 엄충섭(1994) 16.

13) Dmitrij Cizevskij(1971) 436-437.

14)당대 작가들에게 지대한 영향을 끼치게 된다 소설가 오스노바넨코의 '마루샤'와
'귀신 코스토프스카' 그러하다. 이 두 작품들은 연출가들에 의해 오늘날에도 각
색되어 우크라이나 민족 연극의 빼놓을 수 없는 레퍼토리로 각광받는다.

15)С. Симчинський (1969) 84.

16) 슬라브권 낭만주의 사상과도 일맥 상통하는 면이 있다. 특히 폴란드 낭만주의
를 대표하는 3대 민족시인 모두 메시아주의가 용해되어 있다. 미츠키에비츠
(Adam Mickiewicz),수오바츠키(Juliusz Słowacki), 크라신스키(Zygmunt
Krasiński)의 작품에는 각각 순교사상, 부활, 신비사상이 구체화되어 있다.

17) С. Задорожна (1995) 14-15

18) I. Дзеверін (1987)377-378.

19) 그런 경향문학에 충실하면서도 대중적 인지도를 갖춘 스텔마흐(Б. Стельма
x), 코르니추크 (Є. Корній чук)이 있다.

20) Daniel Tomas(2001) 163-164.

〉〉 2장 각주

1) Borchert M. Donald(2006) 63.

2) 이을호(2009)333

3) 신남철(1935) 3. 군주와 교회세력 밑에서 주로 시민계급이 문예 창작활동을 하
기 시작했다. 이 계층으로 인문주의 학자와 신교 성직자가 배출되어 절대주의에
대항하는 세력으로 성장한다,

4) Struk Danylo (1993) 734-735

5) Cizevsky Dmitrij(1971) 126

6) 김규진 (2005) 108

7) 루 마이클(2010) 5. 범주라는 것은 존재하는 모든 것이 속하게 되는 가장 일반
적인 혹은 가장 높은 수준의 유형이다

8) 이성주의자 프란시스 베이컨은 학문의 목적은 자연에 대한 인간 지배력을 증대

시키는데 있다고 보고 사물의 진정한 원인을 밝혀낼 필요성을 강조하였다. 따라서 임의적 경험으로부터 결론을 이끌어내는 경험주의는 적절치 않으며 실험에 의한 귀납법을 통해 실제를 명확히 해야 한다고 피력했다. 피립 스톡스 (2010) 154-156.

9) 버트런드 러셀 (2009) 350-351. 물질적 존재, 세계는 물질로 환원할 수 없는 영지가 깃들여 있고 그것이 물질 세계에 질서를 부여한다고 본다. 질서의 힘을 운명, 신적화(神的化)라고 하는데 인생의 목적이자 이러한 질서에 따른 삶이 최대 행복을 가져온다라는 견해이다. 바로 그것이 도덕이자 의무이며 동시에 우주와 일체화된 길이라 믿는다. 우주질서에 번뇌, 교란당하지 않기 위해서는 극기심이 요구되며 세상을 바르고 이성적으로 살아가도록 스토아적 생활를 강조했다. 파나이티오스, 포세이도니오스는 이를 위하여 도덕적이며 실천적 국면을 강조했는데 세상일에 대한 신적 영지의 개입, 즉 섭리(攝理)를 주장였다.

10) Edie James (1976) 8.

11) Зеленогорский А.(1984) 197-198.

12) http://ditext.com/zakydalsky/ch3.html#74

13) 중세 교회에서 성직만을 부르심, 성소(聖召)라고 생각하였으나 종교개혁자들에 의해 개념이 신앙안에서 사는 사회 일원의 '달란트' 라는 '부르심' 으로 새로운 의미를 찾게 되었다. 이제 소명(Calling)은 사회적 사명과 직업관을 전제하게 된다. 막스베버(Max Weber)에 와서는 프로테스탄트적 소명의 교리를 경제적 합리주의와 연관시키고 노동과 검약을 새롭게 평가하는 본질적 기반으로서 인식하였으며 나아가 사회적이며 정치적 현상을 분석하고 이해하는 단서로까지 확장시키고 있다. Kronman Anthony(1983) 2-3.

〉〉 3장 각주

1) 이승훈 2002, 258-259

2) 김욱동, 1992, 21

3) 지명렬, 2002, 353

4) 이는 1차 대전을 전후하여 표현주의(Expressionism),미래주의(Futurism), 다다이즘(Dadaism), 초현실주의(Sur-realism),
입체주의(Cubism),주지주의(Intellectualism)등 여러 예술운동으로 확산되었다 조류만큼이나 모더니스트의 활동도 다양했다. 다다의 경우 1차 대전 직후인 1915년 취리히에서 유럽 각국의 작가, 음악가, 미술가들이 모여 무정부적인 연

합체를 출범시키기도 했다. 이들 예술가 집단들은 논쟁적 선언, 반 선언들을 쏟
아내게 되는데 당시 예술과 정치는 구별할 수 없을 정도로 뒤얽혀 있었다.
Matei Calinescu, 1987, 13-15,26-27.

5) Michel Decaudin, 1986, 26.

6) 모더니즘의 미학에는 고전주의를 기반한 미학과 낭만주의에 기반한 미학이 내
재해 있다고 주장한다. 전자는 이성에 입각한 몰개성적이고 빛, 척도,절제,형식
의 상징으로 아폴로적인 모더니즘을 후자는 열정에 가득찬 디오니소스적인 모더
니즘을 말한다. 논리와 과학 그리고 사회적 윤리적 문제 등을 거부하고 주관과
형이상학, 신비, 꿈, 이상 계시 등을 탐구한 상징주의는 낭만주의와 상통하는 면
이 있다. 하지만 낭만주의가 무엇보다 감정의 표현에 치중했다면 상징은 감정을
거부하고 논리적 유추를 바탕으로 은유와 이미지 ,상징 등을 주로 사용하였다.
진순애 1999, 40, 김 계영, 2007, 156,

7) 오생근 외, 1996, 273-274. 모더니즘의 미학적 형태와 사회적 전망은 이성과
법칙을 중요시하면서 우주와 자연 및 사물을 객관적이고 변하지 않는 것으로 보
는 대신에 주관과 상대성을 강조하고 객체보다는 주체를, 외적 현상보다는 내적
경험을, 집단의식보다는 개인의식을 더 가치 있는 것으로 본다는 것이다. 영원
한 가치도 없으며 주관적인 견해에 따라 가치는 변하는 것이라고 생각하게 되었
다.

8) 아직 생존하는 인물로 소비에트시절부터 보수적 관점을 가졌으며 현재는 주로
비 학술영역에서 활동한다.

9) 1985년 그린버그(Clement Greenberg)의 "아방가르드와 키취" 다음 글에서
사실주의란 용어자체가 외부세계를 시각적으로 정확하게 기록한다는 의미를 담
고 있지만 모더니즘의 시기에 와서는 오히려 진실한 표현을 가로막는 걸로 주장
되었다. 더욱이 서구적 발상에서 사회주의적 사실주의는 이전시대의 미술형식에
의존한다는 이유에서 그리고 당파적 사실주의 즉 대중에 의한, 대중을 위한 낙
관적 예술이라는 이유에서 퇴행적 반 모더니즘 '키취' 로 낙인찍혔다.

10) B. Будз, 1998, 82

11) 조태현, 1985, 583. 인간의 인식대상으로서 눈 앞에 전개되는 세계는 시간,
공간, 카테고리 특히 인과율이라는 인간의 주관적인 형식에 의한 표상일 뿐 그
것 자체로서 존재하는 것이 아니라는 주장을 한다. 세계는 우리의 표상일 뿐이
고 세계의 존재는 주관에 의지한다.

12) 이런 논의는 상징의 정의에 대한 확장과 관계될 수 있다. 기호와 의미의 합체
로서 유형의 사물을 무형의 주관적인 것으로 표현한 것으로 가시적인 것을 통해
불가시적인 것을 표현한 것이 상징이며 이는 대상의 대리가 아닌 대상에 대한
개념을 운반하는 것이다. Susanne K. Langer. 1957, 61

13) 보스턴 태생의 시인, 평론가이자 단편소설가. .프랑스 상징주의는 그를 본보기로 '순수시' 이론을 만들어냈다. 천재성이 일찍부터 유럽에서 인정되어 모국으로 하여금 포의 위대성을 깨닫게 하는데 샤를 보들레르와 스테판 말라르메보다 크게 이바지한 사람은 없었다. 그에 대한 넓고 다양한 평가는 2가지 성격이 공존하고 있다는 기묘한 이중성에 기인한다. 뛰어난 운율감각과 설득력 있는 언어감각을 가지고 천사와도 같은 시를 남겼고 명백히 영감이 떠오르는 대로 나아감으로써 아름답고 함축적인 산문을 쓸 수 있었지, 딱딱하고 건조한 문체로 으스스한 심리문제나 엄격한 플롯의 글을 쓰기도 했다.

14) Б. Рубчак, 1968, 9. Агнєшка Матусяк, 2008, 39.

15) О. Кривцун, 1998, 104

16) 우크라이나어 무자는 그리스어 무사이(Μοῦσαι)와 동일한 단어로 '몰로다 무자'는 '젊은 여신'으로 번역될 수 있다. 무사이는 그리이스 신화에서 궁극적으로 노래를 부르는 여신으로 합창과 송가로 모든 신들을 기쁘게 했을 뿐 아니라 모든 형태의 사고 즉 시, 음악, 웅변, 지혜, 학예 등을 주재했다. 피에르 그리말, 최애리 외 역 2003, 181.

　　필자는 특히 '무자' 라고 하는 용어가 우크라이나문학에서 강조하는 여성주의, 디오니소스적인 모더니즘에 초점을 맞춰 이를 강력하게 부각시킨 것으로 사료된다. 아폴로적 모더니즘이 아닌 주관성에 입각한 것으로 내면적 고뇌가 약동할 때 근원적 생명과 합일되는 대지의 철학을 의미적으로 내포한다.

17) И. Гарин, 1992, 325

18) Остап Луцький , 1968, 57

19) М. Рудницький , 1936, 70

20) 과학에 대한 절대 신념을 가지고 유전과 환경이라는 과학적 결정론에 의거, 인간의 조건을 탐구한 자연주의를 채택하기도 했는데 결국 프랑코의 후기작은 상당부분 모더니즘적 스펙트럼을 내재해 보인다.

21) В. Пачовський , 1906, 47

22) George Luckyj, 1997, 701 초기 모더니즘를 향한 혹평에는 호트케비츠의 지적대로 "동시대 우리문학의 초라함은 우리의 빈곤 때문이요, 무지와 인텔리겐치아의 문화적 역량 부족, 무기력한 정치 그리고 민족의 후퇴"등과 관련지어 생각해 볼 수 있다.

23) 해를 거듭할수록 모더니즘적 성향이 짙어졌는데 연작형식의 에세이를 별책으로 발간하는 등 주로 문학이론과 비평에 주력했다. 니체와 러스킨의 경향을 선호했으며 "자기만족과 행복을 추구하는 독창적이고 조화로운 인간", "모든 세대의 아름답고, 고귀한 교양교육의 함양" 이라고 하는 발행 취지에서 알 수 있듯이 미학과 관련한 문화면에도 지면을 할애하였다.

24) George Luckyj, 1997, 691

25) I. Франко, 1989, 497

26) 상징주의 문학은 신비주의의 문학적 표현이라고 불릴 만큼 문학 형성의 근원을 신비주의에서 찾고 있다.상징은 현대시의 시조로 평가되는 보들레르에 의해 가치가 찬양되기 시작했고 베를렌느(1844-1896)가 그걸 직관적으로 활용했으며 말레르메(1842-1898)가 세심한 해설과 함께 정당화를 위한 형이상학을 정립시키며 상징주의의 극치를 보이고 종결된다.

27) Микола Вороний , 1901, 14

28) О.Лучук, 2000, 110

29)심리 변화의 혁명적 전환점과 기술혁신의 신기원(революцій ний момент п сихологічних змін і велика ера винаходів у техніці)이라는 부제를 달았다

30). 리오넬로 벤투리, 김기주역, 1992 ,347-349. 1905년과 1907년이라는 두 연도는 미술사의 두 사건, 즉 드랭, 마티스, 블라맹크 등 야수파 작가들이 1905년 살롱 도톤에서 연 전시, 그리고 피카소(P. Picasso1881-1973)가 1907년 그린 입체파의 선구적 작품 아비뇽의 아가씨(Les Demoiselles d' Avignon)을 의미한다. 회화의 세계가 평면이라는 고정관념을 깨고 마치 입체에서 시작하는 조각과 건축처럼 3차원 세계를 표현했으며 시각예술이 정적상태만이 아니라 움직임도 포착해야 한다고 믿었다.

31) Ю. Голод, 2006, 294

32) 인상주의 음악특징은 5음 음계, 선법 음계를 재료로 하는 선율과 화음, 뚜렷한 박(迫)이 없이 계류음이나 불규칙한 분할에서 모호해지는 리듬감 등 3가지 분류할 수 있으나 선율이나 화성 ,리듬, 음색, 형식상의 원칙 등에서 기존 전통과는 획기적으로 다른 음악언어를 형성하고 있다. 조성의 경계나 조성자체를 부정하고 일정체계나 규칙이 없이 12음을 자유로이 사용하며 작품의 응집력과 통일성을 구축하기위해 한 번씩 사용한 기본 음렬을 전위, 역행, 혹은 역행-전위 시키는 무조음으로 대표된다.

33) Г. Макаренко, 2004, 35

34) 클레쇼프, 푸도프킨, 아이젠슈타인 등과 함께 소비에트학파의 대표적 멤버였지만 그들 몽타쥬와는 사뭇 다랐다. 초기작 즈베니고라(Звенигора),무기고(Арсенал),대지(Земля)에 일관되게 흐르는 의도는 명백히 시적이며 신비적 요소를 담아내는 등 독특한 시적 상징주의 경향이 매우 짙다. http:// dovzhenko.org.ua

35) 예술적 직관은 어떤 재료를 매개로 하여 타자에 전달되고 또는 타자로 하여금 동일한 경지에 서게 하며 의지의 속박에서 벗어나게 하는 것이다. 쇼펜하우어는 감각 의지를 전달하고 이데아를 예술로 투영시키는 정도에 따라 예술을 나름대

로의 서열로 분류시켰다. 하위단계에 건축과 조경술 등 조형 예술이 위치되며 다음으로 미술로서 풍경화가 자리한다. 그 위에 시가 있고 거기서도 가장 완전한 것은 비극이다. 그러나 예술의 최고위를 차지하는 것은 음악이다. 예외적으로 그는 음악을 따로 구분 짓지 않았는데 향락은 다른 예술처럼 개개의 이데아와 의지를 모사하는 하는 것이 아니고 의지 그 자체를 모사한다.

비 고전적 미학의 한가지 원리, 아름답다 라는 미적 범주의 기초적 분석은 여전히 가장자리로 밀려나 있다. 이러한 개념은 원칙적으로 분리된다. 옛부터 전래되어온 역사적이고-문화적인 전통에서 간주해왔듯이 비 고전미학에서 아름다움이란 예술과 동의어로 멈췄다. 이러한 개념은 원칙적으로 분리된다. 미의 개념, 아름다움에 대한 생각은 감탄스럽고, 설득력이 있어 확신이 가며, 흥미와 관심이 있고, 독창적이라고 하는 개념으로 접근되어진다. 쇼펜하우어와 지적한 바대로 폴란드를 대표하는 현대 희곡작가 프쥐비쉐프스키(Przybyszewski) 역시 '고백의 기도'(Confiteor)라는 저서에서 "우리의 해석 혹은 이해로써 예술은 미는 아니라 인식의 일부분이다"(ein Teil der Erkenntniss)라는 유사한 정의를 내렸다. С. Пшибишевський , 2001, 54

36) М. Степняк,1933, 153

37) Агнєшка Матусяк, 2008, 51

〉〉 4장 각주

1) 마리네트의 언급대로 미래주의 작품은 거대한 대도시 중심지들의 맥박과 함께 뛰어야 하며 시와 시어는 현대의 도시생활로 인도하는 관점의 실험이다. 권철근 외 (2001) 11.

2) 리처드 험프리스 (2003) 18.

3) Г., Черниш (1995) 60.

4) М., Каханюк (1930) 315-318.

5) 미래주의는 형식주의와 마찬가지로 언어에 대한 동일한 세계관에서 출발하고 있다. 의미 없는 소리 소위 '초이성적 언어'는 상징주의자들이 말하는 조화음 구성에 대한 가치를 간과하는 데에서 비롯되며 초기 형식주의 연구의 출발점이 되는 영역이기도 하다.

6) 우크라이나 경우와 마찬가지로 러시아 모더니스트들도 일정시간 경과 후 혁명으로 인하여 비참한 경험을 하게 된다. 20년대말 30년대초를 기점으로 점차 불씨가 꺼져가던 모더니즘운동이 정치, 사회적 상황이 만들어 낸 공포 때문에 다

시 왜곡되었다. 조지 기비안 외(1988) 20.

7) Oleh, Ilnytzkyj (1997) 345 미래주의는 모더니즘이라는 형이상학 대신에 오히려 합리주의에 접수되어 있다. 이는 엄격히 말해 스타일이나 양상이기 보다 예술에 대한 태도이며 미학적 기준 역시 참신성과 의외성에 두고 있을 뿐이다. 기교와 기술에 대한 자의식이 강해 예술을 삶속에 통합시키려는 확신에 사로잡혀 있다.

8) 1929년 5월 제 5차 소비에트 대표회의 인터네셔널가 중.

9) 이장욱 (2005) 51.

10) 미래파는 4개 그룹(입체미래, 자아미래,원심분리기, 시의 다락방)로 분화된다. 마야코프스키가 속한 입체미래파는 길레야그룹이라고도 불린다. 서상범 (2002) 31.

11) Г., Черниш (1995) 69.

12) О., Полторацький (1966) 193-199.

13) 서구만이 아니라 러시아를 비롯한 동유럽의 주요 문학적 미래파들은 스케치나 회화에 관련되어 있다. 조어, 문법, 운율, 유음 등의 언어유희 그리고 신조어를 활용하여 마치 화가가 공간, 색채, 선, 도형, 여백 등을 화폭에 담아내는 것처럼 시인들도 자유로운 한편의 싯구로서 승화시켰다.

14) 1914년 5월 23일 키에프 거주 당시 작품이다.

15) 불어 벨쇠즈라는 단어를 그대로 옮겼다. 기계의 운동성을 메트로놈 시계추의 템포에 비유하고 있으며 여기서는 우크라이나어 자장가(колискова)정도로 대체할 수 있다.

〉〉 5장 각주

1) 쁘로따자노프, 푸도프킨,베르도프, 에이젠슈타인, 코진체프 트라우베르그 베르토프 등

2) Steven Schneider, 2008, 101

3) Katarzyna Duda, 2004, 331

4) 1898년 라트비아공화국 리가출신으로 다섯 가지 체계화된 몽타쥬(운율, 율동, 음조, 배음, 지적)를 성립시킨 장본인이다

5) 엘리스 잭, 1997, 127

6) 1958년 바다에 관한 시(Поема про море)를 필두로 1961년 동란기의 이야기, 1965년 매혹의 데스나 강은 2차 대전 직후 우크라이나 농촌생활을 내용으로 한

다.

7) '이반'은 표현기법의 약간의 차이가 있을 뿐 내용적으로 이전 삼부작과의 연장으로 본다 해도 무방할 것이다.

8) 우크라이나 코자크 출신예언가이자 칠현금을 타는 음유시인. 1768년 폴란드 귀족을 상대로 한 하이다막 봉기를 지휘함으로써 우크라이나 농민들 사이에는 위대한 영웅이자 신화적 존재이다. 훗날 3국 분할 등 파란만장한 폴란드의 운명을 예언하기도 했던 그는 안일하고 나태한 지식계급을 통렬히 비판하였고 우크라이나와 폴란드 두 민족간의 상호협력과 단결을 촉구하였다. 낭만주의와 청년폴란드시대를 열었던 출중한 작가뿐만 아니라 영화계의 거장 안제이 바이다(Andzej Wajda)가 연출한 역사물의 소재로도 널리 등장한다. 정병권 2002, 199

9) 1958년 브뤼셀 세계박람회 세계 영화인협회와 1995년 타임지, 국제영화비평가 심포지움 등에서 10대 작품으로 선정되었다.

10) 형식주의라는 꼬리표는 당시 거의 모든 몽타쥬 감독들의 고충이었다. 1917년 혁명을 미화한 에이젠슈타인의 10월이란 작품도 형식주의라는 호된 비난을 받았다. 특히 도브젠코의 경우 스탈린에 의해 1930년 키에프 스튜디오가 관료화된 거대 영화기구에 합병되면서 자율성의 상실은 심화된다.

〉〉 6장 각주

1) Федір Погребенник (1993) 10

2) О. Лучук, О. (2000) 48

3) М. Зеров (1966) XI

4) 구체적으로 순수문학을 지향한 체코의 포에티즘과 폴란드의 스카만다르에 대한 영향력을 지칭한다. 감성을 최우선으로하여 연상과 비유를 통한 세상에 대한 재해석과 예술에 대한 지평을 한층 넓히는데 기여한 것으로 평가된다.

5) 현재까지도 문단에서 지명도 높은 이들 유수 작가들의 이단적 경향문학들은 당시 안정적인 출판이 보장되는 정부차원의 주문과는 완전히 분리되었으며 우크라이나 디아스포라 혹은 여러 단체들의 자선기금에 의해서만 가능해졌다. 우크라이나 역사에서 우크라이나어로 된 서적의 '자가출판'은 일찍이 낭만주의시대로 거슬러 올라가는데 현대문학 시기에도 바로 그러한 환경은 맥을 같이 한다. 이 같은 상황은 2008년 '세계작가와의 대화' 라는 국제심포지움에서 우크라이나출신 작가에 의해 여실히 목도되었다.

6)소설의 경우 작가 언어는 암시와 인용이 빈번했다. 90년대 문학계에서 각광받은 주역이었던 유리 안드로호비츠(Юрій Андрухович)의 92년 作 '레크레이션'(Ре креації)이나 같은 해 '현대'(Сучасність)의 4/5호 연재된 예브헨 파쉬코프스키(Євген Пашковський)의 '나락'(Безодня)의 경우 세상은 우스꽝스럽고 기괴하며, 환영 같고 비현실적인 어두운 일면을 그린다. 이전 체재에서 고통받았던 이들은 사회의식도 내적 저항도 깆지 못한다. 의사나 의견을 입 밖에 내본 적이 없으며 아예 자신만의 목소리가 없는 부류로 그렸다. 반면에 사건은 주인공의 뒤틀린 의식 속에서 전개된다. 육체적, 정신적인 안식처가 없는 혼돈의 상황을 의식의 기법을 통해 드러내는데 이는 시대적 아픔과 슬픔에 대한 울부짖음과도 같다.

7) Соломія Павличко (2002) 531-532

8) 베스트셀러 작가 옥사나 자부즈흐코는 페미니즘에 입각한 거침없는 성의식을 정묘하게 드러냈다. '우크라이나 性에 대한 현지조사', '히치하이킹', '마지막 양초의 지휘자' 등의 시집은 자전적 형식의 파격적인 작품들이다.

9) Л. Новиченко (1985) 58. 해학, 익살, 우스꽝이라고 하는 우크라이나 단어 앞 자를 딴 문학 동인들이다.

참고문헌

〉〉 1장

권영민(2009) 『문학사와 문학비평』, 문학동네

김영한 외(1994) 『서양의 지적운동』, 지식산업사

랴자노프스키 니콜라이(1991) 『러시아의 역사 I』, 이길주 역, 까치

아놀드 토인비 (1993) 『역사의 연구』, 세계사상전집 31, 학원출판공사

엄충섭 (1994) "고골의 지깐까 근교야화 연구", 한국외대 대학원 박사학위논문

웰렉. R.(1982) 『문학의 이론』, 윤홍로외 역, 한신문화사

신동익 (1986) "문학사 서술의 의미 ". 『육사논문집』 제 31권, 9—23

치제프스키 D.(1984) 『슬라브 문학사』 , 최선 역, 민음사

Cizevskij,Dmitrij (1952) *Outline of Comparative Slavic Literatures*, Survey of Slavic Civilization, Harvard Slavic Studies, vol 1, Boston

_______________(1954) *On the Question of Genres in Old Russian Literature*, Harvard Slavic Studies, vol 2 Boston

_______________(1971) *A History of Russian Literature :From the Eleventh century to the End of the Baroque*, ed. C. H. Van Schooneveld, Hague, Mouton & Co.,

_______________(1985) *A History of Ukrainian Literature* (From the 11th cenury to the End of the 19th Century), trans. Dolly Ferguson, Doreen Gosline, and Ulana Petyk, ed. Goerge S. N. Luckyj, Littleton, Colo.,Ukrainian Academic Press

Grabowicz George(1981) *Toward a History of Ukrainian Literature*, Cambridge, Mass, Harvard Univ.Press

Kantor Marvin(1983) *Medieval Slavic Libes of Saints and Princes*, Michigan: Ann Arbor

Tomas Daniel(2001) *The Helsinki Effect*, Prinston Univ. Press

Бернадська Н., С. Задорожна,(1995) *Українська література*, Феміна, Київ

Дзеверін I. (1987) *Історія української літератури I*, Наукова Думка, Київ

Пашуто В. (1968) *Внешняя Политика Дневней Руси*, Москва

Симчинський С. (1969) *Уточнення біографії Івана Вагилевича*, Радянське літерат урознавство нр.2

Чижевський Д.(1956) *Антична література в старій Україні*, Науковий збірник т.6 Українського Вільного Університету, Мюнхен.

Чижевський Д. (1971) *Історія української літератури*, Українська академія наук, Нью-Йорк- Київ

Шпорлюк Р. (1991) "Українське національне відродження в контексті євро пейсь кої історії кінця XIX початку XIX століть", В: Україна 『Наука і Культура 』, нр.25, Київ

〉〉 2장

김규진 (2005) "코멘스키와 바로크문학의 전통" 『동유럽연구』 14, 한국외대 동유럽 발칸연구소 , 89-126

마이클 루 (2010) 『형의상학 강의』, 박제철 옮김. 아카넷.

이을호(2009) 『세계철학사 II 』, 중원문화

이종수(1981) 『막스 베버의 학문과 사상 』, 한길사

임석진 외(2009) 『철학사전 』, 중원문화

신남철(1935) "노서아 철학과 톨스토이의 이성애 ", 『동아일보 』11월20일자, 3

버트런드 러셀 (2009) 『서양철학사 』, 서상복 옮김, 을유문화사

필립 스톡스 (2010) 『100인의 철학자 사전 』, 이승희 옮김,   말글빛냄

Borchert M. Donald(2006) *Encyclopedia of Philosophy* Vol. XI, Thomson Gale, Farmington Hills

Cizevsky Dmitrij(1971) *Comparative History of Slavic Literatures*, Vanderbilt University. Press

Edie James, ed(1976) *Russian philosophy* vol. I,   The Univ of Tennessee Press

Irigaray Luce(1993)*An Ethics of Sexual Difference*. Cornell Univ. Press, Ithaca
Kronman T. Anthony(1983) *Max Weber*, Edward Arnold Publishers Ltd, London
Masaryk Thomas(1955) *The Spirit of Russia: Studies in History*, Literature and
    Philosophy, New York
Simmons Ernest,ed(1955) *Continuity and Change in Russian and Soviet Thought*,
    Harvard University Press, Cambrige, MA
Struk Danylo,ed(1993) Encyclopedia of Ukraine IV, Univ.of Toronto Press, Toronto
http://ditext.com/zakydalsky/ch3.html#74
http://www.wumag.kiev.ua/index2.php?param=pgs20032/78
Зеленогорский А(1984) *Философия Г. Сковороды, украинского философа столет*
    ия. Вопросы философии и психологии, нр 3
Ласло-Куцюк М.(1992) *Г. Сковорода і священні числа античності* : Досліже
    ння, розвідки, матеріали / Зб. наук. праць. Київ
Цимбаев И (1986) Славянофильство из истории русской общественно-политич
    еской мысли XIX века, М.
Чижевский Д. (1929) *Философия Г. Сковороды*, Путь, Париж
Шкуринов П. (1962) *Мировоззрения Г. Сковороды*, М.

》 3장

그리말 피에르 (2003)『그리스 로마신화사전 』, 최애리 외역, 열린책들
김계영 (2007)『서양문학사』, 두리미디어
김영건(2001)『문예미학』, 책세상
김욱동 (1992)『모더니즘과 포스트모더니즘』, 현암사
미첨 팸, 쉴던 줄리 (2004)『현대미술의 이해』, 이민재,황보화 옮김, 시공사
벤투리 리오넬로 (1992)『미술비평사』, 김기주 역 문예출판사
송익화(1986)『독일문학사』, 서린문화사
오생근 외 (1996)『문예사조의 새로운 이해』, 문학과 지성사
이승훈 (2002)『모더니즘의 비판적 수용』, 작가
이장욱 (2005)『혁명과 모더니즘』, 랜덤하우스 중앙

뻬에르 앙리(1991)『랭보와 베를렌느』, 이준오 역, 문학세계사
조태현 (1985)『세계절학대사전』, 교육츕판사
이석원 (1997)『현대음악』, 서울대출판부
진순애 (1999)『한국현대시와 모더니티』, 태학사

Berman A. (1994) *Preface to Modernism*, Univ. of Illinois Press
Bradbury M. and Mcfarlane J. eds (1976) *Modernism,* Penguin Books, New York
Calinescu Matei (1987) *The Idea of Modernity, "in Five Faces of Modernity: Modernism, Avant-garde, Decadence, Kitsch, Postmodernism*, Durham, Duke Univ Press
Decaudin Michel (1986) *"Being Modern in1885, or ,Variations on 'Modern, Modernism, Modernite', in Modernism"*, Univ. of Illinois Press, Urbana Champaigne
Gombrich Ernst.H. (1984) *The story of art*, Phaidon, Oxford
Greenberg Clement (1985) "Avant-Garde and Kitsch" in F. Frascina (ed.),*Pollock and After : The Critical Debate* Paul Chapman Publishing, London
─────────────── (1986) "The Beginnings of Modernism" in John O' Brian (ed.) Greenberg Clement : *the Collected Essays and Criticism*, Univ of Chicago Press, Chicago
Langer K. Susanne (1957) *Philosophy in a New Key*, Harvard University press.
Luckyj George(1997) *A history of Ukrainian literature*, Ukrainian Academic Press, Englewood

Будз В. (1998) "К'єркеґор і Геґель", *Українська К'єркеґоріана*, Центр гуманіта рних досліджень ЛНУ ім. І. Франка, Львів
Вороний Микола (1901) "Відозва" *Літературно-науковий вісник* Кн.11, Львів
Гарин И. (1992) *Пророки и поэты* ,Терра, М.
Голод Ю. (2006) "Українське мистецтво першої третини XX ст.: модерн, моде

рнізм, авангард", *Вісник ЛНАМ,* –Вип. 17, Львів

Кривцун О. (1998) *Эстетика,* Искусство, М.

Луцький Остап (1968) "Молода Муза", *Молодомузець* ∶ літ.зб., Нью–Йорк

Лучук, О. (2000) *Сто років юностії,* Літопис, Львів,

Ляшкевиц П (1999) Від "Semper Idem" до "Semper Tiro" І. Франка, *Зб.наук.п рацъ Міжнар.конф. ЛНУ* Ч.1. Львів

Макаренко Г. (2004) *Музика і Філософія ∶ Шопенгаер, Вагнер, Ніцше ,* Факт, К.,

Матусяк Агнєшка(2008) "Сецесійний дискурс письменників Молода Муза", *Слово і Час,* Нр. 6, Фенікс ,К.

Пачовський В.(1906) *Жертва штуки,* Львів

ПШеничний Є..ред.(2001) "Франкознавчі студії", Зб.наук 1, Вимір, Дрогобич

Пшибишевський С. (2001)*Українська література ,* Всеувито, Львів

Рубчак Б. (1968) "Пробний лет", *Молодомузець∶* літ. зб. Нью–Йорк,

Рудничкий М. (1936) *Від мирного до Хвильового ,* Львів

Степняк М. (1933) *Поети Молодоїмузи* Червоний шлях нр. 1

Франко І. (1989)*Зібр. творів* Т.41, Наук. думка, К.

http:// dovzhenko.org.ua

〉〉 4장

권철근 외 (2001) 『러시아형식주의』 한국외대 출판부.

레나토 포지올리 (1996) 『아방가르드 예술론』 박상진 역, 문예출판사.

리처드 험프리스 (2003) 『미래주의』 하계훈 역 열화당.

서상범 (2002) 『러시아현대문학강의』 부산외대 출판부.

이장욱 (2005) 『혁명과 모더니즘』 랜덤하우스중앙.

이택광 (2009) 『세계를 뒤흔든 미래주의 선언』 그린비.

조지 기비안 외 (1988) 『문화와 아방가르드』 문석우 역 열린책.

Ilnytzkyj, Oleh (1997) *Ukrainian Futurism 1914-1930,* Harvard University Press, Cambridge.
Kern, Stephen (1983) *The Culture of Time and Space 1880-1918,* Harvard University Press, Cambridge, MA.
Kozloff, Max (1974) *Cubism / Futurism,* Harper& Row, New York.
Markov, Vladimir (1968) *Russian Futurism,* Univ. of California Press, Berkeley.
Poggi, Christine (2009) *Inventing futurism: the art and politics of artificial optimism,* Prinston Univ. Press, Prinston.

Зеров, М. (1966) Вибране, Видавництво Художньої Літератури, Київ.
Каханюк, М. (1930) Матеріали до Історії Футуризму в Україні, Літературний архів нр.3.
Лейтес, А. (1928) Десять років Української Літератури (1917-1927) т. II, Харків.
Новиченко, Л. (1985) Антологія Укаїнської Поезії Том 4, Дніпро, Київ
Павличко, Соломія (2002) Теорія Літератури,, Основи ,Київ.
Полторацький, О. (1966) М. Семенко та Нова Генерація, Вітчизна, Київ.
Черниш, Г. (1995) До історії Українського Футуризму, В: Футуризму на Україні. В. Назарук(ред), УВ, Варшава.

〉〉 5장

잭 엘리스 (1997)변재란 역 『세계영화사 』.이론과 실천
정병권 (2002), "비스피아인스키의 베셀레에 나타난 베르니호라", 『동유럽연구』. 제 11권 2호, 191-214
홍상우(2010) "과거를 바라보며 미래로 향하는 러시아 영화" 홍완석(편), 『러시아지역정보지』. 1권 2호 , 15-18

Duda Katarzyna (2004) *Film Rosyjski* Lucjana Suchanka(red)

"Rosjoznawstwo" Wydawnictwa UJ

Jurjeniew R. (1977) *Historia filmu radzieckiego*, przekł I. Romańczuk, Warszawa

Kozak Stefan (2005) *Polacy I Ukraińcy*, Wydawnictwa UW

Mucha B. (2002) *Sztukafilmowa w Rosji 1896−1996*, Piotrkow Trybunalski

Schneider Steven (2008) *1001 Movies You must see before you die.* Quinttessence Canada

Аннинский Л. (1991) *Щестидесятники и Мы. Кинематограф, ставший и не ставший историей*, Москва

Дунаєвська Л. Ф. (1986) *Українські Народні Казки*, Веселка, Київ

Козак Стефан (2003) *Український Преромантизм.*, Варшава

Лановик, Б. Лазарович М. (2001) *Історія України*, Знання−Прес, Київ

Фрелих С. (1992) *Теория Кино*, Москва

http://dovzhenko.org.ua

〉〉 6장

Cizevskij, Dmitrij (1975), *A History of Ukrainian Literature*, Ukrainian Academic Press, Littleton, Colo.,

Ilnytzkyj Oleh (1997), *Ukrainian Futurism 1914−1930*, Harvard University Press, Cambridge,

Weisstein U. (1973) *Expressionism in Literature*, Dictionary of the history of Ideas. New York.

Бернадська Н., Здорожна С., (1995), *Укаїнська Література*, Феміна, Київ,

Вовчок Марко (1856) *Вибрані Поезії,* Державне Видавництво Художньої

Літератури, Київ,

Зеров М(1966) ,*Вибране*, Видавництво Художньої Літератури, **Київ**

Лучук, О. (2000) *Сто років юностії*, Літопис, Львів,

Новиченко Л. (1985), *Антологія Укаїнської Поезії Том IV*, Дніпро, Київ,

Павлицко Соломія (2002) *Теорія Літератури,,* Основи ,Київ,

Погребенник Федір (1993), *Богдан Лепкий*, Київ

Полторацький О (1966), *М. Семенко та Нова Генерація*, Вітчизна, Київ,,

Скупейко Лукаш (2007) *Постаті І Тексти*, Фенікс Київ

Тичина Павло (1983), *Зибрання творів*, Київ,,

Чумак Б.(1919), *Вагр* , Київ,,

저자약력 - 최승진

한국외국어대학교 동유럽대학 폴란드어과(문학사)
한국외국어대학교 일반대학원 동유럽어문학과(문학석사)
폴란드 국립 바르민스코-마주르스키대학교 동슬라브어대학(우크라이나문학박사)
-우크라이나 작가, 이반 프랑코의 리비우 저널 기고문 연구-
(Співпраця Івана Франка з Львівським кур'єром)
우크라이나 가톨릭대학교 신학용어와 번역연구소(IБТП)연구원
현재 한국외국어대학교 동유럽 발칸연구소 책임연구원이며
같은 대학 우크라이나어과 전공 학생들을 대상으로
우크라이나 문학의 이해, 우크라이나 작가론,
우크라이나 문학비평론 등의 과목을 지도하고 있다.

우크라이나 모더니즘 문학의 이해

초판 1쇄 인쇄 / 2012년 11월 11일
초판 1쇄 발행 / 2012년 11월 15일
저자 / 최 승 진
발행인 / 서 덕 일
발행처 / 도서출판 문예림
출판등록 / 1962년 7월 13일 제 2-110호
주소 / 서울 광진구 군자동 1-13호 문예하우스 101호
전화 / 02-499-1281~2 팩스 / 02-499-1283
http : //www.bookmoon.co.kr
E-mail : book1281@hanmail.net

ISBN 978-89-7482-699-4 (13790)